Mathias Jung

Seelenwunden

Die Heilung des verletzten Kindes

Mathias Jung

Seelenwunden

Die Heilung des verletzten Kindes

Man kennt einen Menschen nur dann richtig,
wenn man seine Kindheit kennt.

George Simenon
Brief an meine Mutter

ISBN 978-3-89189-225-1
2. Auflage 2019

Umschlaggestaltung: Simone Kerschbaum
Gesamtherstellung: Kösel, Krugzell

Inhalt

Das Märchen

In ihrer jetzigen Gestalt sprechen die Märchen alle Ebenen der menschlichen Persönlichkeit gleichzeitig an. Sie erreichen den noch unentwickelten Geist des Kindes genauso wie den differenzierten Erwachsenen.

Bruno Bettelheim
Kinder brauchen Märchen

Warum Märchen? Was geben sie uns? Sind sie nicht ein vorübergehender erzählerischer Schnickschnack für kleine Kinder? Fantastisch, unrealistisch, bald grausam, bald heillos optimistisch, märchenhaft eben? Gewiss, das Leben selbst ist Leiden und Glück, Niederlage und Aufbruch, Zumutung und eigentümlicher Glanz. Der Philosoph Lucius Annaeus Seneca (Jahr 1–65) beschreibt es in seiner *Trostschrift für Marcia.* Die reiche Römerin war aus Fassungslosigkeit über den Tod ihres Sohnes in eine Depression abgestürzt. Der Philosoph, Staatsmann und Multimillionär konstatierte drastisch und doch zugleich abgewogen: »Was ist der Mensch? Ein Gefäß, das zerbricht, wenn man es nur schüttelt oder rüttelt. Es bedarf keines großen Sturmes, damit Du zerspringst … Was ist der Mensch? Ein schwacher, hinfälliger Körper, nackt, von Natur aus wehrlos, fremder Hilfe bedürftig, allen Kränkungen des Schicksals ausgeliefert … ein morsches, gebrechliches Wesen, das weinend sein Leben beginnt. Und doch: Was für große Stürme erregt mitunter dieses so verachtete Geschöpf, zu welchen Gedanken schwingt es sich, seine Lage vergessend, auf! Unsterbliches, Ewiges wälzt es in seinem Sinn, entwirft Pläne für Enkel und Urenkel.«

Das ist es. Märchen drücken es auf ihre poetische, bildhafte und radikale Weise aus. Märchen sind so schön und grausam wie das Leben selbst. Letztlich geht es bei allen Märchen, wie der Kinderpsychologe Bruno Bettelheim in seinem berühmten Werk *Kinder brauchen Märchen* feststellt, um das Ringen um den Sinn des Lebens. Das beschäftigt Kinder wie Erwachsene. Die Sinnsuche ist das größte Heldenabenteuer des Lebens. Es verlangt Opfer, führt durch existenzielle Krisen und enthüllt uns die Brutalität der Welt. Deswegen plädiert Bettelheim dafür, die Grausamkeiten des Märchens so stehen zu lassen und nicht abzumildern. Bettelheim: »Viele Eltern glauben, man sollte das Kind nur mit bewusster Wirklichkeit oder angenehmen Wunsch erfüllenden Bildern konfrontieren, ihm also nur die Schokoladenseite der Dinge zeigen. Aber eine solche einseitige Wegzehrung nährt die Persönlichkeit auch nur einseitig, und das wirkliche Leben hat Schattenseiten.«

Mit Faszination hat die Psychoanalyse von Sigmund Freud über C. G. Jung bis Eugen Drewermann und Verena Kast die Märchen entdeckt, ihre Botschaften ernst genommen und ihre Farbigkeit, Gefühlshaftigkeit und Entwicklungsdynamik fruchtbar gemacht. Märchen, aber auch Mythen und Träume enthüllen uns etwas von der brisanten und wenig schmeichelhaften Ganzheit des Menschen, dass Teufel und Engel gleichzeitig in uns hausen. Das verdrängen wir gerne, weil es uns beschämt und weil wir in unsere eigenen Abgründe nicht zu schauen wagen. Wir sind uns nämlich selbst das größte Rätsel. Es zu lösen, ist schmerzhaft, spannend und befreiend.

Märchen sind Problembewältigung: Außen Marzipan, innen Dynamit, wie der Philosoph Ernst Bloch es einmal formulierte. Märchen schicken die Helden in das Abenteuer des Lebens, den Schmerz und die Reifungsprozesse. So auch bei *Hans mein Igel*, das die Brüder Jakob und Wilhelm Grimm 1816 in ihre berühmte Sammlung aufnahmen. Märchen handeln von den Beziehungen zwischen Menschen, dem ungeliebten Hans und seinen kalten Eltern, zwischen Liebenden im *Froschkönig*, zwischen Frau und Mann im *Blaubart*. Das Böse hat im Märchen sozusagen eine therapeutische Funktion, weil es den unglücklichen Heldinnen und Helden die Augen öffnet und ihre psychische Entwicklung ermöglicht. Märchen sind Laboratorien des Unbewussten. In ihnen finden sich, kunstvoll verdichtet und in Symbolen verschlüsselt, die Dramen des Lebens, die Dunkelheiten und Fährnisse der Kindheit, hilflose oder unterdrückende Eltern, Angst, Einsamkeit, Neugier, Aufbruch, Prüfungen, Bewährungen, geheimnisvolle Anrufe des Lebens, Glück und Frieden.

Obwohl Märchen von Königen, Königinnen, Prinzen und Prinzessinnen handeln, sind sie urdemokratisch. Sie erzählen, dass nicht unsere Herkunft über unseren Aufstieg im Leben entscheidet, sondern ein gutes Herz und Wagemut. Im Märchen bestehen wir das Abenteuer der

Individuation, das Drama der Ichwerdung. Wir legen falsche Lebensmuster ab und erschließen uns neue Lösungsrepertoires, von denen wir keine Ahnung hatten. Märchen, Träume, Mythen und Legenden sind die Spiegel der Menschheit. Der Psychoanalytiker und Theologe Eugen Drewermann rühmt die geheimnisvolle Aussagekraft des Märchens in seiner Deutung *Schneeweißchen und Rosenrot* so: »Prinzipiell ist jedes Märchen und jeder Traum … so alt wie die Menschheit, und eben die zeitlose Gültigkeit der Märchen und Mythen versetzt sie in den Stand, zeitlos gültige Wahrheiten zu formulieren, die den Einsichten des Verstandes unendlich überlegen sind.«

Frage Dich, liebe Leserin, lieber Leser, was Dir in der Kindheit das liebste Märchen war, und Du schaust in den Spiegel Deiner Seele. Für mich selbst war es die Mär von *Hänsel und Gretel*, die sich anfänglich so ängstlich, dann immer mutiger werdend mit der Trennung von den Eltern auseinandersetzten. Es war die Geschichte von mir und meiner Schwester Maria Theresia als frühe Scheidungskinder. Es kann aber auch hilfreich sein, die eigene Biographie in der verfremdeten Form eines Märchens nachzuerzählen: »Es war einmal ein kleines Mädchen, es war einmal ein kleiner Junge …«. In vielen Beratungen habe ich erlebt, dass diese dramatische Erzählweise sich fast immer in ein gnadenreiches Happy End auflöste.

Ich schreibe die Deutung des erschütternden Märchens *Hans mein Igel* auch in eigener Sache: Als unser jüngster Enkel – zart, blond, gerade mal zehn Jahre alt – vor mir stand, durchfuhr es mich wie ein Blitz. In genau diesem Alter wurde ich als kleiner Junge von der Mutter in ein Jesuiten-Internat ins Ausland geschickt. Meine beiden älteren Brüder waren ebenfalls dort, aber das war mir kein Trost, denn wir sollten miteinander wenig Kontakt haben. Es herrschte galaktische Kälte. Freundschaften mit anderen Jungen waren nicht gern gesehen. Strenge, Zucht, Ordnung und fanatische Frömmigkeit bestimmten das tägliche Programm. Es war zum Fürchten und vor Heimweh für mich kaum auszuhalten. Mehrfach dachte das Kind Mathias an Selbsttötung. Ein Sprung vom nahen Hausberg hätte genügt.

Doch, liebe Leserinnen, lieber Leser, ich will Euch nicht länger auf die erzählerische Folter spannen. Hören wir zunächst das Märchen

Hans mein Igel der Gebrüder Jakob und Wilhelm Grimm mit seinen ungewöhnlichen Menschen, Tieren und irritierenden Requisiten.

Hans mein Igel

Es war einmal ein Bauer, der hatte Geld und Gut genug, aber wie reich er war, so fehlte doch etwas an seinem Glück: er hatte mit seiner Frau keine Kinder. Öfters, wenn er mit anderen Bauern in die Stadt ging, spotteten sie und fragten, warum er keine Kinder hätte. Da ward er endlich zornig, und als er nach Haus kam, sprach er: »Ich will ein Kind haben, und sollt's ein Igel sein.« Da kriegte seine Frau ein Kind, das war oben ein Igel und unten ein Junge, und als sie das Kind sah, erschrak sie und sprach: »Siehst Du, Du hast uns verwünscht.« Da sprach der Mann: »Was kann das alles helfen, getauft muss der Junge werden, aber wir können keinen Gevatter dazu nehmen.«

Die Frau sprach: »Wir können ihn auch nicht anders taufen als Hans mein Igel.« Als er getauft war, sagte der Pfarrer: »Der kann wegen seiner Stacheln in kein ordentlich Bett kommen.« Da ward hinter dem Ofen ein wenig Stroh zurechtgemacht und Hans mein Igel daraufgelegt. Er konnte auch an der Mutter nicht trinken, denn er hätte sie mit seinen Stacheln gestochen. So lag er da hinter dem Ofen, acht Jahre, und sein Vater war ihn müde und dachte, wenn er nur stürbe; aber er starb nicht, sondern blieb da liegen. Nun trug es sich zu, dass in der Stadt ein Markt war, und der Bauer wollte hingehen, da fragte er seine Frau, was er ihr sollte mitbringen. »Ein wenig Fleisch und ein paar Wecke, was zum Haushalt gehört«, sprach sie. Darauf fragte er die Magd, die wollte ein paar Toffeln und Zwickelstrümpfe. Endlich sagte er auch: »Hans mein Igel, was willst du denn haben?« »Väterchen«, sprach er, »bring mir doch einen Dudelsack mit.« Wie nun der Bauer wieder nach Haus kam, gab er der Frau, was er ihr gekauft hatte, Fleisch und Wecke, dann gab er der Magd die Toffeln und die Zwickelstrümpfe, endlich ging er hinter den Ofen und gab dem Hans mein Igel den Dudelsack. Und wie Hans mein Igel den Dudelsack hatte, sprach er: »Väterchen, geht doch vor die Schmiede und lasst mir meinen Göckelhahn beschlagen, dann will ich fortreiten und will nimmermehr wiederkommen.« Da war der Vater froh, dass er ihn loswerden sollte, und ließ ihm den Hahn beschlagen, und als er fertig war, setzte sich Hans mein Igel darauf, ritt fort, nahm auch Schweine und Esel mit, die wollt er draußen im Walde hüten.

Im Wald aber musste der Hahn mit ihm auf

einen hohen Baum fliegen, da saß er und hütete die Esel und Schweine und saß lange Jahre, bis die Herde ganz groß war, und wusste sein Vater nichts von ihm. Wenn er aber auf dem Baum saß, blies er seinen Dudelsack und machte Musik, die war sehr schön. Einmal kam ein König vorbeigefahren, der hatte sich verirrt und hörte die Musik; da verwunderte er sich darüber und schickte seinen Bediensteten hin, er sollte sich einmal umgucken, wo die Musik herkäme. Er guckte sich um, sah aber nichts als ein kleines Tier auf dem Baum oben sitzen, das war ein Göckelhahn, auf dem ein Igel saß, und der machte die Musik. Da sprach der König zum Bediensteten, er sollte fragen, warum er da säße und ob er nicht wüsste, wo der Weg in sein Königreich ginge. Da stieg Hans mein Igel vom Baum und sprach, er wollte den Weg zeigen, wenn der König ihm wollte verschreiben und versprechen, was ihm zuerst begegnete am königlichen Hofe, sobald er nach Hause käme.

Da dachte der König: »Das kann ich leicht tun. Hans mein Igel versteht's doch nicht, und ich kann schreiben, was ich will.« Da nahm der König Feder und Tinte und schrieb etwas auf, und als es geschehen war, zeigte ihm Hans mein Igel den Weg, und er kam glücklich nach Haus. Seine Tochter aber, wie sie ihn von weitem sah, war so voll Freuden, dass sie ihm entgegenlief und ihn küsste. Da gedachte er an Hans mein Igel und erzählte ihr, wie es ihm gegangen wäre und dass er einem wunderlichen Tier hätte verschreiben sollen, was ihm daheim zuerst begegnen würde, und das Tier hätte auf einem Hahn wie auf einem Pferde gesessen und schöne Musik gemacht; er hätte aber geschrieben, es sollt's nicht haben, denn Hans mein Igel könnt es doch nicht lesen. Darüber war die Prinzessin froh und sagte, das wäre gut, denn sie wäre doch nimmermehr hingegangen.

Hans mein Igel aber hütete die Esel und Schweine, war immer lustig, saß auf dem Baum und blies auf seinem Dudelsack. Nun geschah es, dass ein anderer König gefahren kam mit seinen Bediensteten und Läufern und hatte sich verirrt und wusste nicht wieder nach Hause zu kommen, weil der Wald so groß war. Da hörte er gleichfalls die schöne Musik von weitem und sprach zu seinem Läufer, was das wohl wäre, er sollte einmal zusehen. Da ging der Läufer hin unter den Baum und sah den Göckelhahn sitzen und Hans mein Igel oben drauf. Der Läufer fragte ihn, was er da oben vorhätte. »Ich hüte meine Esel und Schweine; aber was ist Euer Begehren?« Der Läufer sagte, sie hätten sich verirrt und könnten nicht wieder ins Königreich, ob er ihnen den Weg nicht zeigen wollte.

Da stieg Hans mein Igel mit dem Hahn vom Baum herunter und sagte zu dem alten König, er wolle ihm den Weg zeigen, wenn er ihm zu eigen geben wollte, was ihm zu Haus vor seinem königlichen Schlosse zuerst begegnen würde. Der König sagte »ja« und unterschrieb sich dem Hans mein Igel, er sollte es haben. Als das geschehen war, ritt er auf dem Göckelhahn voraus und zeigte ihm den Weg und gelangte der König glücklich wieder in sein Reich. Wie er auf den Hof kam, war große Freude darüber. Nun hatte er eine einzige Tochter, die war sehr schön, die lief ihm entgegen, fiel ihm um den Hals und küsste ihn und freute sich, dass ihr alter Vater wiederkam. Sie fragte ihn auch, wo er so lange in der Welt gewesen wäre, da erzählte er ihr, er hätte sich verirrt und wäre beinahe gar nicht wiedergekommen, aber als er durch einen großen Wald gefahren wäre, hätte einer, halb wie ein Igel, halb wie ein Mensch, rittlings auf einem Hahn in einem hohen Baum gesessen und schöne Musik gemacht, der hätte ihm fortgeholfen und den Weg gezeigt, er aber hätte ihm dafür versprochen, was ihm am königlichen Hofe zuerst begeg-

nete, und das wäre sie, und das täte ihm nun so leid. Da versprach sie ihm aber, sie wollte gerne mit ihm gehen, wann er käme, ihrem alten Vater zuliebe.

Hans mein Igel aber hütete seine Schweine, und die Schweine bekamen wieder Schweine und wurden ihrer so viel, dass der ganze Wald voll war. Da wollte Hans mein Igel nicht länger im Walde leben und ließ seinem Vater sagen, sie sollten alle Ställe im Dorf räumen, denn er käme mit einer so großen Herde, dass jeder schlachten könnte, der nur schlachten wollte. Da war sein Vater betrübt, als er das hörte, denn er dachte, Hans mein Igel wäre schon lange gestorben. Hans mein Igel aber setzte sich auf seinen Göckelhahn, trieb die Schweine vor sich her ins Dorf und ließ schlachten; hu! Da war ein Gemetzel und ein Hacken, dass man's zwei Stunden weit hören konnte. Danach sagte Hans mein Igel: »Väterchen, lasst mir meinen Göckelhahn noch einmal vor der Schmiede beschlagen, dann reit' ich fort und komme mein Lebtag nicht wieder.« Da ließ der Vater den Göckelhahn beschlagen und war froh, dass Hans mein Igel nicht wiederkommen wollte.

Hans mein Igel ritt fort in das erste Königreich, da hatte der König befohlen, wenn einer käme auf einem Hahn geritten und hätte einen Dudelsack bei sich, dann sollten alle auf ihn schießen, hauen und stechen, damit er nicht ins Schloss käme. Als nun Hans mein Igel dahergeritten kam, drangen sie mit den Bajonetten auf ihn ein, aber er gab dem Hahn die Sporen, flog auf, über das Tor hin vor des Königs Fenster, ließ sich da nieder und rief ihm zu, er sollt ihm geben, was er versprochen hätte, sonst wollt er ihm und seiner Tochter das Leben nehmen. Da gab der König seiner Tochter gute Worte, sie möchte zu ihm hinausgehen, damit sie ihm und sich das Leben rette. Da zog sie sich weiß an, und ihr Vater gab ihr einen Wagen mit sechs Pferden und herrliche Bedienten, Geld und Gut. Sie setzte sich ein, und Hans mein Igel mit seinem Hahn und Dudelsack neben sie, dann nahmen sie Abschied und zogen fort, und der König dachte, er kriegte sie nicht wieder zu sehen. Es ging aber anders als er dachte, denn als sie ein Stück des Wegs von der Stadt waren, da zog ihr Hans mein Igel die schönen Kleider aus und stach sie mit seiner Igelhaut, bis sie ganz blutig war, sagte: »Das ist der Lohn für eure Falschheit, geh hin, ich will Dich nicht«, und jagte sie damit nach Haus, und sie war beschimpft ihr Lebtag.

Hans mein Igel aber ritt weiter auf seinem Göckelhahn und mit seinem Dudelsack nach dem zweiten Königreich, wo er dem König auch den Weg gezeigt hatte. Der aber hatte bestellt, wenn einer käme wie Hans mein Igel, sollten sie das Gewehr präsentieren, ihn frei hereinführen, Vivat rufen, und ihn ins königliche Schloss bringen. Wie ihn nun die Königstochter sah, war sie erschrocken, weil er doch gar zu wunderlich aussah, sie dachte aber, es wäre nicht anders, sie hätte es ihrem Vater versprochen. Da ward Hans mein Igel von ihr bewillkommt und ward mit ihr vermählt, und er musste mit an die königliche Tafel gehen, und sie setzte sich zu seiner Seite, und sie aßen und tranken. Wie's nun Abend ward, dass sie wollten schlafen gehen, da fürchtete sie sich sehr vor seinen Stacheln; er aber sprach, sie sollte sich nicht fürchten, es geschähe ihr kein Leid, und sagte zu dem alten König, er sollte vier Mann bestellen, die sollten wachen vor der Kammertüre und ein großes Feuer anmachen, und wann er in die Kammer einginge und sich ins Bett legen wollte, würde er aus seiner Igelshaut herauskriechen und sie vor dem Bett liegen lassen; dann sollten die Männer hurtig herbeispringen und sie ins Feuer werfen, auch dabei bleiben, bis sie vom Feuer verzehrt wäre.

Wie die Glocke nun elfe Schlug, da ging er in die Kammer, streifte die Igelshaut ab und ließ sie vor dem Bette liegen; da kamen die Männer und holten sie geschwind und warfen sie ins Feuer; und als sie das Feuer verzehrt hatte, da war er erlöst und lag da im Bett ganz als ein Mensch gestaltet, aber er war kohlschwarz wie gebrannt. Der König schickte zu seinem Arzt, der wusch ihn mit guten Salben und balsamierte ihn, da ward er weiß und war ein schöner junger Herr. Wie das die Königstochter sah, war sie froh, und am andern Morgen stiegen sie mit Freuden auf, aßen und tranken, und ward die Vermählung erst recht gefeiert, und Hans mein Igel bekam das Königreich von dem alten König.

Wie etliche Jahre herum waren, fuhr er mit seiner Gemahlin zu seinem Vater und sagte, er wäre sein Sohn; der Vater aber sprach, er hätte keinen, er hätte nur einen gehabt, der wäre aber wie ein Igel mit Stacheln geboren worden und wäre in die Welt gegangen. Da gab er sich zu erkennen, und der alte Vater freute sich und ging mit ihm in sein Königreich.

Mein Märchen ist aus, und geht vor Gustchen sein Haus.

Die Macht der Eltern

Die unaufgelösten Dissonanzen im Verhältnis von Charakter und Gesinnung der Eltern klingen in dem Wesen des Kindes fort und machen seine innere Leidensgeschichte aus.

Friedrich Nietzsche
Menschliches, Allzumenschliches

Dieses Märchen handelt nicht von materieller Armut. Es geht vielmehr um seelische Armut, Härte und Verwahrlosung. Es ist die Geschichte einer Seelenverpanzerung der Eltern **und** des Kindes. Ursprünglich inspiriert hat mich das tiefsinnige, vom Geist C. G. Jungs beseelte Büchlein der Konstanzer Psychoanalytikerin Ingrid Riedel *Hans mein Igel*. Inzwischen habe ich diese Eltern-Kind-Problematik in den vergangenen 25 Jahren mit insgesamt über tausend Seminarteilnehmern im Dr.-Max-Otto-Bruker-Haus in Lahnstein durchgearbeitet. In den fesselnden Dialogen zwischen ihnen und mir haben wir dieses Drama einer schwierigen Ichwerdung um spannende Aspekte erweitert. Ich danke Euch.

Die Geschichte des armen Hans hat die meisten von Euch erschüttert und eigene Seelenwunden »getriggert«, das heißt auf den Nerv getroffen. Mich auch. Es tut das heute noch. Das Thema brennt mir auf den Nägeln. Es ist auch meine Geschichte.

»Es war einmal ein Bauer«, heißt es, »der hatte Geld und Gut genug, aber so fehlte doch etwas an seinem Glück: Er hatte mit seiner Frau keine Kinder.« Aber was ist das für ein Mann und künftiger Vater? Was ist los mit der Frau und künftigen Mutter?

Eltern prägen uns für das ganze Leben. Es ist gleichsam ein ewiger Bund. Da sind einmal die genetischen Anlagen, die sie uns vererben. Sind wir groß oder klein, blond oder dunkelhaarig, temperamentvoll oder introvertiert und anderes mehr. Ob Veranlagungen gelebt oder unterdrückt werden, das entscheidet das psychische Milieu des Elternhauses, die Geschwisterkonstellation, die soziale Lage, das emotionale Klima sowie Vorbilder. Auch unser späteres Beziehungsmodell resultiert positiv oder negativ aus dem Leben der Eltern. Wir lernen, um es einmal grob zu formulieren, wie die Affen – indem wir die Eltern beobachten und imitieren. Im

Lebensanfang bis zur Einschulung entwickelt sich nicht nur die geniale Neuroplastizität unseres Gehirns, sondern auch unser Charakter.

Die entscheidende Rolle spielt hierbei unsere Mutter. Nicht umsonst wird sie als Trägerin des Lebens und der Liebe in der Dichtung hochgerühmt. Der Barockdichter Friedrich von Logau (1604–1655) schreibt in einem seiner *Sinngedichte*:

Die Mutter trägt im Leibe
Das Kind dreiviertel Jahr;
Die Mutter trägt auf Armen
Das Kind, weil's schwach noch war;
Die Mutter trägt im Herzen
Die Kinder immerdar.

Aber was ist die Mutter des armen Hans? Ist sie seine erste große Beziehung, die platonische Idee der Liebe? Fehlanzeige. Es ist eine blasse unmütterliche Frau, schweigsam, verhärmt, im Kern wohl depressiv. Das zeigt sich im Märchen, als der Vater von Hans Spendierhosen anhat und seine Frau fragt, was er ihr von seinem Marktgang mitbringen solle. »Ein wenig Fleisch und ein paar Wecke, was zum Haushalt gehört«, erwidert sie, statt sich endlich einmal ein Kleid, Schmuck oder ein Parfum zu wünschen. Sie ist depressiv wunschlos, dem Tod wohl näher als dem Leben. Es ist kein Zufall, dass diese unselige Mutter und Frau rasch wieder aus der Erzählung verschwindet. Sie bleibt konturenlos, ohne Eigen-Sinn und Glücksstrebung. Sie ist ebenso krank wie das gesamte Familiensystem malade ist. Ob sie sich mit ihrer Kälte gegenüber dem Kind an dem lieblosen Ehemann rächt? Wir wissen es nicht. Wie ätzte die französische Schriftstellerin Françoise Sagan einmal: »Von manchen Menschen glaubt man, sie seien tot. In Wahrheit sind sie nur verheiratet.«

Sicher ist aber, dass die Mutter eine unglückliche Frau ist. In der Beratung würde ich sie nach ihrem Leben fragen, besonders nach ihrer Kindheit. Hat sie denn selbst Liebe bekommen? Ihre Antwort könnte ich mir so vorstellen: »Nein, Liebe kenne ich nicht. Ich stamme von einem Bauernhof. Wir waren sechs Kinder. Meine Mutter war mit dem Haushalt, uns Kindern und der Arbeit auf dem Hof überfordert. Sie hatte weder Zeit für uns noch für sich selber. In ihrer Not schimpfte sie viel. Sie kannte nur Arbeit und Pflicht. Dazu hielt sie auch mich an.

Ertappte sie mich beim Lesen, schrie sie: ›Du hast wohl nichts zu tun‹ und schickte mich in den Stall. Sie lehnte ihre eigene Weiblichkeit ab. Sie lief nur in Kittel und Schürze herum. Sie bezeichnete mich als ›Trampel‹. Ich bekam Minderwertigkeitskomplexe und war eingeschüchtert. Ich war froh, als ich mit neunzehn zu Hause wegkam.«

»Aber hast Du, als Du so früh heiratetest, Deinen Mann nicht geliebt?«, würde ich weiter fragen. Jetzt würde sie vielleicht in Tränen ausbrechen. »Nein, meine Eltern wollten mich unter die Haube bringen, mich loswerden. Mein künftiger Mann war schließlich ein reicher Hoferbe, eine gute Partie. Aber geliebt habe ich den jungen Knecht des Nachbarn. Er kam als Kandidat nicht in Frage. Was hätte ich denn tun sollen?«

Man darf diese unmütterliche Frau nicht einfach nur verurteilen. Man muss die Tragödie, aus der sie sich nicht zu befreien vermochte, verstehen. Nicht anders verhält es sich wohl auch mit dem Ehemann, dem Vater von Hans. Er ist unzweifelhaft gefühlskarg, hart, unväterlich. Nur ein einziges Mal zeigt er ein warmes Gefühl, als er Hans den von ihm gewünschten teuren und vermeintlich sinnlosen Dudelsack kauft. Warum ist dieser bienenfleißige und als Großbauer verantwortungsvolle Mann so monströs? Er würde, so steht zu vermuten, eine ähnlich traurige Geschichte wie seine Frau auspacken, wenn man ihn einfühlsam befragte: »Ich war der Älteste von uns Kindern und damit der künftige Hoferbe. Deshalb wurde ich von morgens bis abends zur Arbeit verdonnert. ›Du kriegst schließlich einmal den Hof‹, tobte mein Vater und verbot mir das Spielen mit meinen Schulkameraden. Er korrigierte mich unablässig und schlug mich oft. Ich flüchtete mich in Schweigsamkeit, wurde misstrauisch und traute keinem. Meine Ehe war keine Liebesheirat. Ich brauchte als Frau eine tüchtige Arbeitskraft auf dem Hof, mehr nicht.«

Wen wundert es dann, dass die Natur in ihrer Weisheit dem liebesunfähigen Paar ein Kind verweigert. Ist diese Ehe nicht eine lebenslange Doppelhaft? »Gut gehängt ist besser«, heißt es bei Shakespeare, »als schlecht verheiratet«. Schlimmer noch ist das Motiv des Kinderwunsches! Es geht überhaupt nicht um ein Wunschkind. Der Bauer wird vielmehr verspottet, weil er seine Frau nicht schwängern kann. Er ist der

»Schlappschwanz« am Stammtisch der Machomänner. »Vielleicht müsstest Du mal Viagra auf die Spaghetti spachteln«, spotten sie. Er gilt als unfruchtbarer Ziegenbock, als Weichei, als Versager im Bett. Er will ein Kind, allein um seine Potenz zu beweisen: »Ich will ein Kind haben, und sollt's ein Igel sein«, brüllt er und macht seiner Frau das Leben schwer. Da ist mehr Hass und Enttäuschung als Zärtlichkeit und Zuneigung zwischen diesem Paar. Das Kind hört vermutlich schon im Mutterleib die lautstarken Streitigkeiten seiner Erzeuger, erschrickt und entwickelt die Stacheln seiner künftigen Notwehr.

Beide Eltern sind arme Teufel, von ihrer Not getrieben, sprachlos und ohne Erlösung. Sage keiner, so unerwünschte Kinder gäbe es nicht. Die Gründe, ein Kind in die Welt zu setzen, sind vielfältig. Jeder von uns muss sich fragen, ob er/sie um seiner Selbst willen auf diese Welt gerufen wurde. Sollte ich den Betrieb der Eltern übernehmen? War ich als ihre Altersversorgung vorgesehen? Empfing mich die Mutter, um die brüchige Ehe zu kitten oder um wenigstens mit mir über ein Liebesobjekt zu verfügen?

Unsere Geschichte, so zeigt das Märchen, beginnt neun Monate vor der Geburt. Die Vorzeichen sollten gut sein. Bei Hans mein Igel stehen sie auf Sturm. Dieses Kind wird nichts zu lachen haben. Es macht, was seine tierischen Gefährten, die Igel, bei Gefahr reflexartig tun: Es igelt sich ein.

Das Schattenkind

Wenn wir unsere Probleme in unserem heutigen Leben lösen möchten, dann müssen wir auf einer tieferen Ebene verstehen, worin unser ***eigentliches*** *Problem besteht. Hierfür ist es wichtig, dass das Schattenkind in uns zu Wort kommen darf, damit wir erkennen, wo unsere Schwachpunkte, unsere sogenannten* ***Trigger****, sind.*

Stefanie Stahl
Das Kind in dir muss Heimat finden

Der arme Hans wird im Schatten geboren. Es ist der Schatten seiner Eltern. Sie sind wahre Zombies. Sie lieben nicht. Wir ahnen die Gründe für ihr ungelebtes Leben. Sie wurden selbst um eine sonnige Kindheit betrogen, in den Schatten einer lieblosen Kindheit getaucht. Das entschuldigt nicht ihr Verhalten. Vor allem vermögen sie nicht zu erkennen, dass dieses verschlossene stachelige Kind die Stacheln ihrer eigenen Seelen widerspiegelt. Das Kind, das da das Licht der Welt erblickt, ist oben ein Igel und unten ein Junge. Es ist ambivalent. Es trägt oben die Stacheln seiner Notwehr als Strategie des Überlebens, aber auch eine weiche körperliche Hälfte als Chance der Heilung.

Wie diese Eltern, zwei gestörte Menschen, mit dem wehrlosen Kind umgehen, spottet jeder Beschreibung. Es wird getauft – der Konventionen wegen. Die Eltern sind schließlich angesehen. Aber man wählt ihm weder einen Paten noch eine Patin. Diese hätten doch die Aufgabe, für Hans, falls Vater und Mutter stürben, Eltern zu sein, ihn zu beschützen und ins Leben zu geleiten. Mit seinem schrecklichen Namen, dem Spitznamen »Hans mein Igel«, wird er, ein nicht vorzeigbares Geschöpf, ausgesondert. Gewiss, Hans wird mit Essen und Kleidern versorgt, aber er wird abgestellt, hinter dem Ofen. Er gehört nicht in den familiären Kreis. Ja, er besitzt nicht einmal ein eigenes Bett. Auf einer Schütte Stroh wird er platziert. Es ist übrigens ein Jünger Jesu, der hartherzige Pfarrer, der den Eltern rät, Hans ein »ordentliches Bett« zu verweigern. Hans wird deponiert, verwaltet. Man tut nur das Notwendigste für ihn. Dieses Kind ist ein seelischer Sozialfall.

Ist es nicht das Schlimmste, was einem Menschen passieren kann: kein Bett zu haben? Das geschieht jenen, die man als Obdachlose, Stadtstreicher und Penner bezeichnet. Sie sind Ausgegrenzte, Stigmatisierte, Heimatlose.

Schlimmer noch: Hans wird nicht gestillt. Die Begründung ist grotesk. Er könne seine Mutter mit den Stacheln verletzen, heißt es. Jeder weiß doch, dass Igel Säugetiere sind. Sie können selbstverständlich an der Mutter trinken, ja sogar problemlos ihren Geburtskanal passieren. Hans ist ein Flaschenkind des Lebens. Er erlebt nicht das nachgeburtliche Paradies, die absolute Geborgenheit an der Brust der Mutter. Der Vater von Hans wiederum hegt Todeswünsche gegen ihn. Das erleben nicht wenige abgelehnte Kinder: »So wie ich bin, bin ich nicht achtenswert, nicht lebenswert, nicht liebenswert.« Acht Jahre liegt Hans die meiste Zeit hinter dem Ofen. Das ist das beklemmende Bild einer chronifizierten Depression, einer tendenziellen Apathie und gestörten Kommunikation. Kinder sind im Normalfall Bewegung pur, voller Lebenslust und Neugier. Sie erkunden die Welt, stellen Tausende von Fragen und entwickeln sich im Dialog mit ihren Bezugspersonen. Sie haben das, was der Lebenszyklusforscher Erik Erikson das *Urvertrauen* nannte. Sie fühlen sich wohl in ihrer Haut und willkommen. Mit diesem seelischen Proviant gehen sie später beim Passieren der unsichtbaren Demarkationslinie des Erwachsenenseins als grundsätzliche Optimisten in das Leben.

Ein geschädigtes Kind wie Hans lebt dagegen im *Urmisstrauen*. Es schaut durch die Schießscharten seines Misstrauens auf die Welt. Es ist im Wortsinn *depressiv*, niedergedrückt, um seine positive »aggressive« Lebenslust beraubt. Es zählt zu den Kindern, die »seelisch schon von den ersten Lebenstagen und -wochen an vernachlässigt und unterdrückt werden. Die Spätfolgen davon sind Verhaltensstörungen, Kontaktarmut, Apathie, Schulversagen, Aggressivität, verstärkte Anfälligkeit gegenüber Sucht, Drogen, Sekten und Kriminalität.«

So beschrieb es Klaus Conrad in seiner programmatischen Schrift *Der Lebensanfang als Lebensentscheidung* (1973). Der Humanist warnte: »Dieses Problem ist auch deswegen so ernst, weil in ihrem Verhalten gestörte Kinder als Erwachsene große Schwierigkeiten haben, sich an einen Partner in Treue zu binden und später ihren eigenen Kindern die Zuwendung und Zärtlichkeit zu geben, die sie selbst in ihrer Kindheit entbehren mussten.«

Gibt es so einen armen Hans in der Realität wirklich? Man möchte es nicht glauben. Mich selbst hat die Praxis immer wieder eines Schlimmeren belehrt. Da ist Paul (Name geändert), ein erfolgreicher Unternehmer in der Lebensmitte. Wie unter Zwang berichtete er mir: »Ich habe meinen geliebten schwulen Lebenspartner ständig mit anderen Männern betrogen.« Paul zeigte sich über sich selbst fassungslos. Dann schrieb er mir seine Hans-mein-Igel-Geschichte auf. Sie ist schrecklich. Ich darf sie veröffentlichen: »Mit drei Jahren bin ich ins Heim gekommen. Dieser Abschnitt war so schmerzvoll für mich, dass er heute noch als traumatisches Erlebnis in meinem Bewusstsein ist. Ich weiß es noch, als ob es gestern war. Alleingelassen in einem wildfremden Umfeld, ohne geliebte Menschen, ohne Geborgenheit. Keine Liebe, keine Familie. Allein in der Dunkelheit, ohne Licht im Tunnel. Alle geliebten Dinge, die mich an meine Familie erinnert haben, wurden mir stets weggenommen. Ich durfte keine Gefühle zeigen. Sie galten als Zeichen der Schwäche. Ich musste für jeden kleinsten Eigenwillen Prügel einstecken.«

In dem weltlichen Erziehungsheim mit sadistischen »Betreuern« erlebte Paul zwei Demütigungen, die sich unauslöschlich in sein Gedächtnis gegraben haben: »Fleisch, das durchzogen war mit Knorpeln, konnte ich nicht essen. Ich musste bis zum Abend davor sitzen bleiben. Dann wurde ich in mein Zimmer gebracht. Dort musste ich das Essen runterwürgen mit Hilfe von Prügeln. Ab diesem Tag versteckte ich Essen, das ich nicht mochte, hinter Schränken, um dieses nicht essen zu müssen.« Entsetzlich auch die zweite Situation: »Zum Mittagsschlaf wurden wir in Säcke gelegt, die mit einem Zugband zugemacht wurden. Wenn man ins Bett gemacht hatte, gab es Prügel. Nun kam die Situation, dass ich Wasser lassen musste. Ich zwängte mich irgendwie aus dem Sack und machte aus Angst unter das Bett. Die Stelle trocknete ich mit einem Tuch, das ich versteckte. Das Fenster öffnete ich, um den Geruch zu überdecken, und schloss es kurz darauf. Ich zwängte mich in den Sack zurück und zitterte vor Angst, dass dies rauskommen wird.«

Dann schien es das Schicksal mit Paul gut zu meinen: »Ich bin in eine Pflegefamilie gekommen. Dort blühte ich, nach langem Misstrauen, auf. Dort fing ich aber auch aus Angst vor gewissen Situationen an zu lügen. Ich wuchs dort glücklich auf. Mit sechzehn Jahren kam der nächste Bruch. Die Pflegefamilie ließ sich scheiden. Das war eine Katastrophe für mich. Der Pflegevater lernte eine junge Frau kennen. Diese wollte mich nicht im Haus haben. Nach bestandener Prüfung der Lehre wurde ich von der Pflegefamilie hinausgeworfen. Man drückte mir fünfhundert D-Mark als Überbrückungshilfe in die Hand. Die alte Situation kam wieder: keine Liebe, kein Licht, Dunkelheit.«

Es folgte ein gutes Zwischenspiel bei der Familie seiner besten Freundin, dann die Bundeswehr. Paul entdeckte seine Homosexualität und litt daran (»bloß kein Aufsehen damit erregen«). Die Sehnsucht nach einem Menschen, den er lieben konnte, trieb ihn um. Seine Mutter, eine Alkoholikerin mit wechselnden männlichen Kontakten, hatte Paul, als er noch ein Kleinkind war, verlassen. Jetzt tauchte aber auch nach langen Jahren sein Vater auf und unterstützte ihn. Überdies war die Oma eine wichtige Schlüsselfigur: »Doch sie, der dickste Fels meiner Liebe, starb. Ich zeigte nicht viel nach außen, trotzdem war ich am Boden zerstört. Noch heute schmerzt es mich, diesen geliebten Menschen für immer verloren zu haben.« Schließlich fand Paul Menschen, und vor allem seinen Lebenspartner Wolfgang (Name geändert), die ihn aufrichteten. Paul schaffte sogar seinen Schulabschluss und ein Studium. Er wurde beruflich außerordentlich erfolgreich. Aber er wurde von den Dämonen der Vergangenheit gejagt. Immer wieder betrog er Wolfgang. Das Innere Kind in Paul war lange Zeit das Schattenkind: »Ich habe wie oft versucht, gegen diesen Schweinehund, gegen diesen Satan in mir anzukämpfen. Ich verletzte Wolfgang immer und immer wieder. Bis eine Schlüsselsituation passierte. Er bekam durch mein Handy einen Einblick in meine dunkle Seite. Da begriff ich, was ich getan habe. Einen Menschen genauso zu behandeln, wie ich teilweise behandelt wurde.«

»Ich verletze oft Menschen, die ich liebe«, bekennt Paul. In der Therapie packt er sein neues Leben an. Das Schattenkind in ihm ist nicht länger sein Schicksal. Paul: »Ich bin trotz allem immer stark geblieben. Ich bin kein Alkoholiker geworden, ich habe keine Drogensucht, keine Suizidgedanken oder Hassgefühle gegenüber anderen.« Mit seinem Vater hat er sich versöhnt, gegenüber der Mutter seinen Groll überwunden. Er wird sie zu einem Versöhnungsgespräch aufsuchen. Paul: »Ich habe großes Verlangen, auf die Seite des Lichtes zu gelangen. Ich werde alles tun, um ein normal soziales Familienleben zu führen und das zerstörte Vertrauen zu reparieren. Wolfgang liebe ich mehr als mein eigenes Leben, was ich ihm aber oftmals nicht zeige, weil ich immer noch einen Schutzwall um mich behalte. Ich will Wolfgang zeigen, dass ich zu lieben vermag.«

Ein schlimmes Kindheitstrauma kann, anders als bei Paul, auch in Mord und Totschlag enden. Denken wir an den Fall des Winnender Amokläufers Tim Kretschmann am 11. März 2002. Der 17-Jährige griff sich die Sportwaffe seines Vaters und erschoss an der Albertville-Realschule der schwäbischen Kleinstadt 15 Menschen und am Ende sich selbst. Vierzehn der Getöteten waren Schülerinnen und Referendarinnen, einer »versehentlich« ein Mitschüler. Es war ein Rachefeldzug. Tims Vater war ein extrem dominanter Mann und Waffennarr. Diesem kalten Männlichkeitsideal konnte der Junge nicht entsprechen. Tim kompensierte mit privaten Gewaltfantasien. Er war ein Einzelgänger. Er fühlte sich von seiner Mutter zurückgewiesen. In der Schule blieb er kontaktarm. Ein Mädchen, in das er sich verliebte, lehnte ihn ab. Seine Wut auf Frauen muss sich ins Maßlose gesteigert haben. Das rechtfertigt die Tat natürlich nicht. Aber das malayische Wort Amok bezeichnet den Vulkanausbruch der Wut, einen Zerstörungsherd ungebremster Gewalt.

Doch zurück zu unserem Paul. Warum konnte sich bei ihm keine Wertschätzung entwickeln? Warum speichern die meisten von uns über Jahre Negativsätze, als wären sie ein kostbarer Schatz? Sie sind geradezu eingemeißelt und machen sich (ohne Abruf) bei allen möglichen Gelegenheiten bemerkbar. Eine Klientin (80 Jahre alt) hat ihr Leben lang darunter gelitten, dass sie kein Abitur machen durfte. Ihr Vater meldete sie ohne Rücksprache ein Jahr vorher ab. Sie sollte eine Ausbildung absolvieren und Geld verdienen. Von Bildung hielt er nichts. Sie hielt sich seitdem für dumm, unattraktiv, nicht liebenswert und meint bis heute, sie hätte das Abitur vermutlich ohnehin nicht geschafft. Die Einladung ihrer Klassenlehrerin zur 50-jährigen Abifeier trug den Vermerk: »Bitte kommen Sie, ich weiß, wie sehr Sie sich das Abitur wünschten.« Es half alles nichts. Selbst der Brief zweier Klassenkameradinnen schloss die alte

Wunde der Kränkung nicht. Sie schrieben: »Warum bist Du nicht wiedergekommen?« Dabei wurde das vom Vater vom Gymnasium genommene Mädchen später eine erfolgreiche Unternehmerin und großartige Frau.

Das Schattenkind hat die abwertenden Botschaften seiner Eltern und familiären Umgebung gespeichert und verinnerlicht zu negativen Glaubenssätzen: »Ich bin hässlich. Ich bin dumm. Ich bin ungeschickt. Ich bin unsportlich. Ich bin kein richtiger Junge. Ich bin kein attraktives weibliches Wesen. Mich kann man nicht mögen. Ich bin nicht liebenswert. Ich bin so, wie ich bin, nicht in Ordnung. Ich bin ein Muster ohne Wert.«

Kennst Du einen dieser traumatischen Sätze, liebe Leserin, lieber Leser? Dann mach' Dich auf den Weg, Dein »Sonnenkind« und seine »positiven Glaubenssätze« zu entdecken. Denn selbst in unserem armen Hans steckt, wie wir sehen werden, auch ein Sonnenkind mit hoffnungsvollen Entwicklungsmöglichkeiten.

Das Sonnenkind

Ich möchte alles sein,
dessen ich fähig bin,
so dass ich ein Kind der Sonne bin.

Catherine Mansfield
Tagebücher

Was wäre denn ein *Sonnenkind?* Die Psychologin Stefanie Stahl definiert es in ihrem klugen Buch *Das innere Kind in dir muss Heimat finden* so: »Das *Sonnenkind* steht für unsere positiven Prägungen und guten Gefühle. Es steht für alles, was fröhliche Kinder ausmacht: Spontanität, Abenteuerlust, Neugierde, Selbstvergessenheit, Vitalität, Tatendrang und Lebensfreude. Das Sonnenkind ist eine Metapher für den intakten Anteil unseres Selbstwertgefühls.« Es entsteht sozusagen wie im Märchen durch die Liebe der guten »Feen« und »Zauberer« an unserem Weg. In meinem Buch *Schätze der Kindheit* habe ich diesen positiven Aspekt der Kindheit ausführlich ins Bild gerückt. Ich fragte Frauen und Männer: »Welche Schätze aus dem Füllhorn

Deiner Kindheit und Jugend haben Dich geprägt? Was wurde Dir von wem geschenkt? Wer oder was hat Dich damit geformt? Waren es Mutter, Vater, Geschwister, Großeltern, Kindergärtner/innen, Lehrer, Nachbarn, Haustiere, Spielgefährten, Freunde, Freundinnen, Natur, Garten, Ausflüge, Heimat, Spiele, Feste, Abenteuer?«

Ich selbst erkannte in meinen Therapien und meiner gestalttherapeutischen Ausbildung, wie viel Reichtum ich trotz allen Widrigkeiten aus meiner Scheidungsfamilie in mein Erwachsenendasein mitgenommen habe: Arbeitslust, Lebensfreude, Bildung, politisches Interesse, Bücher und nochmals Bücher, Tierliebe, soziales Engagement, Schabernack, Humor, kostbare Freundschaften und vieles andere. In dem Märchen *Hans mein Igel* sind es gleich sechs positive Symbolträger: Die Magd. Der Hahn. Der Ofen. Der Dudelsack. Die Schweine. Die Esel. Was hat es mit ihnen auf sich?

Da ist die *Magd*. Sie gehört ganz offensichtlich nicht zu dem kranken Familiensystem, das heißt der frostigen Zweckehe, dem bleiernen Schweigen und der Einkerkerung. Sie ist sozusagen ein positiver Fremdkörper. In ihr ist farbige

Lebenslust spürbar, wenn sie, vom Bauern befragt, was sie sich denn wünsche, elegante Zwickelstrümpfe einfordert. Neue Schuhe für den Tanzschwof am Wochenende, um ihre Weiblichkeit zu leben und einen Kerl fürs Bett aufzureißen. Ob sie möglicherweise ein Verhältnis mit dem sexuell frustrierten Bauern hat? In einem Psychodrama könnte sich über eine Familienaufstellung eine überraschende menschliche Konstellation ergeben …

Wahrscheinlich ist, dass die Magd keine Abneigung gegen den armen Hans hat, weil da kein Grund für Ablehnung ist. Ob sie nicht Mitleid spürt, den Jungen gelegentlich streichelt, ihm Pfannkuchen bäckt, mit ihm scherzt, ihm Geschichten erzählt und Lieder vorsingt? Meine Schwester und ich hatten so eine warmherzige Haushälterin, die uns nach dem Krieg verwöhnte. Ruth hieß die gute Seele. Sie kam aus dem Schwarzwald und war noch keine dreißig Jahre alt. Sie fand in der Zeit allgemeinen Männermangels keinen Partner, wo sie doch so gerne selbst Kinder gehabt hätte. 5,5 Millionen deutsche Männer waren sinnlos in diesem Verbrecherkrieg gestorben. Ruth liebte uns, wir liebten sie. Wir haben sogar als Erwachsene versucht, sie wiederzufinden, aber ihre Spuren waren verloren gegangen. Nach Ruth kamen wir drei Brüder in ein kaltes liebloses Jesuiteninternat in Österreich. Meine Mutter verdiente in ihrer ärztlichen Praxis überwiegend »die Brötchen« für alle. Die Jahre im Kolleg waren für mich quälend. Ich war von Heimweh geplagt. Meine Brüder durfte ich nicht sehen. Jeder Kontakt war unerwünscht.

Zurück zu Hans mein Igel. Da taucht unvermittelt der stolze *Hahn* auf. Wir erfahren erstaunt, dass er Hans gehört. Also war auch hier der stachelige Hans nicht ganz einsam. Der Hahn muss ihn geliebt haben, denn er begleitet ihn bis ins Erwachsenenalter, ja er trägt ihn sogar wie ein Reitpferd. Er ist eine Stütze. Stolz und schön ist er auch noch, dazu männlich und orientierungsstark. Ein Tier ist bei Kindern, wie bei alten Menschen, ein Mittel gegen die Einsamkeit. Bei einem Tier kann man Zuflucht suchen, sich ausweinen, es streicheln, seine Anhänglichkeit spüren.

Es ist alles andere als eine märchenhafte Erfindung. Ich erinnere mich an unser verstorbenes fünftes Geschwisterkind Michael. Er hielt sich oft wochenlang bei unseren Großeltern mütterlicherseits auf. Sie hatten, wie viele damals, einen Hühnerstall. Michael sei stundenlang mit seinem Lieblingshuhn, einem Perlhuhn, unter dem Arm herumgelaufen, erzählte unsere Oma später. Es war eine große Liebe zwischen dem kleinen Jungen und dem Hühnchen. Michael, der sicher uns Geschwister vermisste, hatte damit einen Freund gefunden.

Zu Hause wiederum hatten wir Geschwister den großen Neufundländer Gentleman. Wir liebten ihn heiß. Wir spielten mit ihm, rannten mit ihm um die Wette und genossen seine Zärtlichkeiten. Gentleman, diesen Gemütsbrocken, interessierte es nicht, ob ich ein Bettnässer oder Schulversager war. Er sprang an mir freudig hoch, jedesmal wenn ich in den Ferien aus dem Internat zurückkam. Jahrelang trug ich im Jesuitenkolleg in meiner Hosentasche ein Foto von dieser wundervollen Hundeseele. Jahrzehnte später taucht Gentleman noch in den Gesprächen zwischen uns Geschwistern gleichsam schwanzwedelnd auf.

Dass unser Hans mein Igel in der sibirischen Seelenkälte seines feindseligen familiären Habitats nicht erfriert, dafür sorgt auch der warme *Ofen*, hinter dem er auf der armseligen Schütte

Stroh schlafen muss. Wenn Du eine schwierige Kindheit hattest, liebe Leserin, lieber Leser, was könnte so ein wärmender Ofen für Dich gewesen sein? Waren die Oma, ein Großvater, ein Onkel, Geschwister, eine Nachbarin, eine Katze, ein Hund eine Wärmequelle? Eine Puppe, ein Spielzeug, Träume, Basteleien, Zeichnen, Singen? Kinder sind genial, wenn es darum geht, aus dem Nichts einen Funken Glück zu schlagen. »Ja!, ein göttliches Wesen ist das Kind«, sagt der Dichter Friedrich Hölderlin (in *Hyperion*), »solange es nicht in die Chamäleonfarbe der Menschen getaucht ist.«

Da ist weiter der *Dudelsack*, den sich unser Hans wünscht. Irgendwo scheint dieser schwierige Vater, der seinen Sohn verwünscht, ja ihm das Leben abspricht, unter all seinem Seelenschutt doch eine weiche Seite zu besitzen, denn der Dudelsack kostete sicher eine spürbare Summe, also mehr als Wecken und Zwickelstrümpfe. Am Ende der katastrophalen Vater-Sohn-Beziehung lässt sich der alt gewordene Bauer sogar von dem reif gewordenen Hans zur Menschlichkeit erlösen.

Wofür steht dieser Dudelsack in seiner Symbolik? Zweifellos dafür, dass dieses ungeliebte, schlecht ausgestattete Kind über innere Musikalität und Seelenreichtum verfügt. Dass es eine starke Lunge besitzt und fähig ist zu kommunizieren. Tiefenpsychologisch symbolisiert dieses merkwürdige Instrument die Entwicklung und Zukunft dieses gegenwärtig noch so eingeschränkten Kindes. Dass es eine kräftige Lunge entwickelt und in der Lage ist, laut und unmissverständlich mit der Welt Verbindung aufzunehmen, dass es statt Rückzug und Opferhaltung die notwendige Aggression zum Leben und zum Widerstand herausbilden kann. Die alten Schotten haben den Dudelsack wohl nicht zufällig zur Militärmusik bei ihren Kriegszügen verwandt.

Schließlich darf der Dudelsack auf der psychoanalytischen Symbolebene als hochgradig phallisch gelten und die zu entwickelnde männliche Sexualität des Jungen, den wir uns natürlich älter als acht Jahre vorstellen dürfen, signalisieren. Da ist jemand im Aufbruch. Wie ein stolzer Hahn darf er Eros, Orientierung und Kampfesmut entwickeln und mit dem Dudelsack Aufmerksamkeit auf sich ziehen. Die Musik ist die Sprache der Leidenschaft. Der norwegische Schriftsteller Lars Christensen rühmt in seinem Roman *Der Alleinunterhalter* das Lösende und Reinigende der Musik gerade für so gefrorene introvertierte Naturen wie unseren Hans: »Denn so ist es mit der Musik: Im Gegensatz zur gewöhnlichen Hitze, der Kollisionen der Moleküle, sucht die Musik die kälteren Naturen, um die Eiszapfen in unseren Augen zu schmelzen, Feuer in unsere Ohren zu legen, die Herzen aufzutauen und den Dauerfrost aus der Erde zu verbannen.«

Da sind noch die *Schweine* und die *Esel*, die Hans bei seinem Aufbruch in die Welt als seinen Besitz mitnimmt. Es sind immerhin zwei Herden. Sie stellen einen beträchtlichen Wert dar. Was könnten sie bedeuten? Sie stellen offensichtlich ein wichtiges Kapital für die Zukunft dar. Mit ihnen kann er seinen Unterhalt verdienen. Sie vermehren sich. Sie sind ein Wachstumsfaktor. Könnte es sich bei ihnen nicht um das handeln, was wir alle vom Elternhaus mitnehmen, gleichgültig ob wir an einer Vaterwunde oder einer Mutterwunde, an einer negativen Geschwisterkonstellation, an einer schwarzen Pädagogik der Gewalt oder einer Religion der Ängste leiden, nämlich Bildung und Ausbildung, Fleiß und Zielstrebigkeit, die wir trotz allem mitbekommen haben? Schweine und Esel hüten, das will gelernt sein. Will sagen, wir haben vom Elternhaus Geschicklichkeit, Wissen und Lernvermögen erhalten. Wir haben den Aufbruch in die Welt, in Lehre oder Studium nicht ohne geistige Mitgift gewagt.

Aufbruch – damit ist ein Stichwort dieses Mut machenden Märchens gefallen. Das gilt fast für alle Märchen. Der unfreiwillige Held, die noch schüchterne Heldin muss den Aufbruch aus dem psychischen Elend versteinerter Verhältnisse wagen. Er oder sie darf nicht im Frust des Gewohnten sitzen bleiben. Es genügt nicht, mit Selbstmitleid und Wehleidigkeit die Stagnation der Verhältnisse auszusitzen. Wie lautet der alte Kinderreim: »Ich sitze hier und schneide Speck. Und keiner kommt und holt mich weg.«

Dabei macht jeder Aufbruch Angst, denn er bedeutet den Gang ins Unbekannte und den Verlust all jener Dinge, die auch gut waren. Es ist der Gang in die Fremde der Welt und der eigenen Seele. Ich habe viele Jahre einen Satz an die Wand über meinem Schreibtisch geheftet, der mich schockierte. Er tat weh, weil er meine eigene Seelenträgheit ins Bild rückte. Er lautete:

»Der Neurotiker zieht sein bekanntes Unglück dem unbekannten Glück vor.«

Das gewohnte Elend und das Versumpfen im Opferland sind bequemer. Es zementiert die alten »negativen Glaubenssätze« des Schattenkindes. Es negiert die Chancen des Sonnenkindes, die doch auch in mir und allen Menschenkindern stecken.

Das Sonnenkind entdeckt seine »positiven Glaubenssätze«: Ich bin schön und ich bin klug. Ich bin ein richtiger Mann. Ich bin eine attraktive Frau. Ich bin schwer in Ordnung.

Wie heißt es in Shakespeares Macbeth:

Fasst frischen Mut!
So lang ist keine Nacht,
Dass endlich nicht
Der helle Morgen lacht!

Verletzt und verletzend

Gewalt birgt immer ein Element der Verzweiflung.

Thomas Mann

Fast alle Märchen zeigen uns, wie wir lernen, nicht im Schlechten zu verharren. Wir müssen aufbrechen, wenn das Alte nicht mehr lebbar ist. Dann steht die Aufgabe an, erwachsen zu werden, das Selbst und ein starkes Ich zu entwickeln. Aus dem armen Hans ist mit seinem Aufbruch der tapfere Hans geworden. Er bricht auf in den Wald. Der Wald symbolisiert, tiefenpsychologisch gesehen, die undurchdringliche Welt, aber auch die Dunkelheit des Unterbewusstseins und die bergende mütterliche Fülle. Im Lateinischen ist der Wald, *silva,* weiblichen Geschlechts und der Sitz von Göttinnen. Der Wald bedeutet heute in der Zeit radikaler Beschleunigung und digitaler Zerstreuung die Chance der existenziellen Selbstbegegnung. Erich Kästner konstatierte in seiner *Lyrischen Hausapotheke:*

»Wenn man so ganz allein im Walde steht,
begreift man nur sehr schwer,
wozu man in Büros und Kinos geht.
Und plötzlich will man das alles nicht mehr.«

Wir alle müssen in den Dschungel des Lebens, heraus aus der Vertrautheit, aber auch aus der Lähmung des Zuhauses. Wir müssen das Material der Welt bearbeiten, die biblischen Talente, die uns mitgegeben sind, vermehren. Hier im Märchen sind es Schweine und Esel mit ihrer unbändigen Fortpflanzungskraft, Sinnlichkeit und Leistungsfähigkeit. Schweine gelten als nahrhaft und Symbole des Glücks. Da hat einer Schwein. Da wird einer zäh und auch unbeirrbar wie ein Esel.

Gleichwohl ist die Phase dieser Seelenexpedition nicht einfach. Denn äußerlich sind diese Jahre oft grau und eine Inkubationszeit der inneren Entwicklung. Wo wir wie unser Hans in der Verpuppung unserer seelischen Verwandlung stecken, mit uns selbst beschäftigt sind, da mag die Welt den Prozess unserer verborgenen Veränderung nicht ahnen. Veränderung aber, so tröstet uns das Märchen, braucht seine Zeit. Sie ist nicht auf die Schnelle zu haben. Sie führt in die Einsamkeit.

So gesehen könnte man die Waldeinsamkeit als einen Ort der Selbsterforschung verstehen. Jesus zieht sich vierzig Tage in die Wüste zurück, um mit dem Teufel, das heißt den Dämonen in der eigenen Seele, zu ringen. Buddha sinnt achtundvierzig Tage unter dem Baum der Erleuchtung, um den letzten Schritt in die Selbstauflösung des Nirwanas zu tun. Mohammed zieht sich vor seiner religiösen Mission in die Wüste zurück. In Saint-Exupérys Erzählung *Der kleine Prinz* erlebt der notgelandete Pilot in der Menschenleere der Wüste eine geheimnisvolle Verwandlung, indem er seinem verschütteten kindlichen Ich in der Gestalt des kleinen Prinzen begegnet.

Einsamkeit ist das klassische Medium seelischer Evolution. Das hören wir nicht gerne. Mit unserer Unterhaltungsindustrie, der unablässig dudelnden Musik im Kaufhaus, dem Rauschen des Fernsehers übertönen wir das Schweigen und die Ängste in uns. C. G. Jung hat einmal gesagt, jeder Mensch macht so viel Lärm, wie er braucht – um die innere Stimme zu überdröhnen. Dagegen ist die Stille Reflexion und Selbstoffenbarung. Für mich bildete die stille Konzentration auf die Welt meiner Bücher die Rettung in dem strengen, unfreundlichen Internat. Ein Pater (mein Zustand war vermutlich nicht zu übersehen) vertraute mir die Betreuung der Bibliothek an. In der Einsamkeit fand ich mich wieder … und las und las und las.

In diesen Jahren der Suche nach dem Selbst mögen wir uns oft selbst nicht, weder körperlich noch geistig. Das Schattenkind in uns flüstert: »Du bist ein hoffnungsloser Fall. Dich kann man ja nicht lieben.« Dabei geht die Entwicklung in uns langsam und fast unsichtbar voran. Doch lässt uns das Märchen erkennen, dass der junge Hans in seinem Dickicht verholzter Gefühle kostbare Schätze birgt. Er macht Musik, »die war sehr schön«. Er hegt das ihm Anvertraute, die Herde, vortrefflich. Vor allem aber gewinnt er hoch oben auf seinem Baum Überblick.

Es ist, wie wir überraschend erfahren, eine innere Orientierung, die selbst königliche Menschen verlieren können. Sie verirren sich nämlich. Sie fragen ihn um Rat. Was heißt das im Märchen, ein König zu sein? Es bedeutet, nach langen Irrungen und Wirrungen, ein Souverän über sich und sein seelisches Territorium geworden zu sein. Das ist das Entwicklungsziel vieler Märchen. Der König, die Königin steckt in uns – wenn wir uns dem Leben stellen.

Hans stellt sich der Herausforderung. Er stolpert zunächst einmal. Tiefenpsychologisch gesprochen, könnte man den ersten König als einen bösen, den zweiten König als einen guten Vater-Archetyp bezeichnen. Hans erfährt, wie wir alle, eine schmerzliche Lektion: Er wird lernen müssen, gute und böse Menschen zu unterscheiden. Das geht nur, indem man es ausprobiert, experimentiert, Irrtum und Versuch zulässt. Das ist die Aufgabe des Lebens.

Hans leidet an seinem Vatermangel. Wen wundert es, wenn er einem beeindruckenden älteren Mann, dem ersten König, seine väterliche Übertragungsliebe anbietet. Das machen viele enttäuschte Söhne und erleben bei ihrem Ausbilder oder Chef ein menschliches Desaster. Hans bekommt die erste Königstochter nicht. Dabei hat er in der Not seines Herzens einen wichtigen Wunsch geäußert. Als Lohn für seine Wegweisung wünscht er sich das, was dem König »zuerst begegnet« am königlichen Hofe, sobald er nach Hause kommt. Der Ungeliebte wünscht sich ein menschliches Wesen, die Liebe einer Frau. Stattdessen gerät er erneut an einen negativen Vatertyp und dessen abweisende Tochter. Das Unglück scheint ihn zu verfolgen. Natürlich steht die erste Königstochter in einem komplizenhaften Verhältnis zu ihrem verräterischen Vater. Sie ist wohl auch bindungsschwach und für das Seelendrama des verletzten jungen Mannes unempfänglich.

Da wird Hans rabiat. Das ist noch schwach formuliert. Denn er zieht dem Mädchen »die schönen Kleider aus und sticht sie mit seiner Igelhaut, bis sie ganz blutig war«. Er jagt sie nach Hause und lässt sie »beschimpft ihr Lebtag« zurück. Das hat alle Anzeichen einer Vergewaltigung, sei sie nun körperlicher oder seelischer Art. Schlimmer noch: Das wird Hans mein Igel noch mit vielen Frauen auf seinem Weg machen. Denn was im Märchen mit seiner sparsamen erzählerischen Ökonomie eine einzige Szene ist, ist in Wahrheit eine sich wiederholende Geschichte, der Verletzte wird zum Verletzer, das Opfer zum Täter.

Warum reagiert Hans, dem wir mit so viel Mitleid begegnen, so blutig und so frauenfeindlich? Die Ursache seines seelischen Amoklaufs liegt auf der Hand. Es ist ein Rachefeldzug, ein Stellvertreterkrieg gegen seine Mutter. Er hat sich nach ihr gesehnt. Sie hat ihn seelisch ausgehungert. So sehnt er sich nach der Innigkeit und dem Schmelz aller Frauen, aber er glaubt ihnen nicht. Sie gelten in seiner traumatisierten Seele allesamt als Verräterinnen. Deshalb begehrt er sie. Deshalb nimmt er sie in Besitz und bestraft sie »danach«. Er verhält sich wie der König von Sina in der Rahmenerzählung von *Tausendundeiner Nacht.* Als dieser seine Ehefrau beim Ehebruch in flagranti ertappt, erwürgt er sie nicht nur, sondern bestellt sich Nacht für Nacht eine der Töchter des Landes in sein Bett, um sie am nächsten Morgen köpfen zu lassen.

Weil Hans die Dramaturgie seiner barbarischen und barbarisierenden Kindheit weder erkannt noch aufgearbeitet hat, sagt er sich wie der König von Sina: »Jede Frau ist eine Verräterin. Ich muss sie unterjochen und bestrafen. Sie ist so süß, dass sie mir gefährlich wird. Immer habe ich mich nach der Süße einer Frau gesehnt, aber wenn ich den Zauber einer Frau genossen habe, dann muss ich ihn zerstören, um selbst nicht in die Bannkraft dieser Hexe zu geraten.« Ein solcher Mann ist eine tickende Zeitbombe. Die Verwundung des Ungeliebtseins, die ihm die Mutter, die erste Frau in seinem Leben, zugefügt hat, rächt er an allen Frauen. In der Frau steckt als Feind verborgen seine Mutter.

Im Sinn der Bindungstheorie von John Bowlby *(Frühe Bindung und kindliche Entwicklung)* und Mary Ainsworth ist Hans das Opfer eines *desorganisierten Bindungsmusters.* Es ist schlechthin verheerend. So ein Kind hat überhaupt keine nährende Elternbindung erfahren. Das Kind, und später der Erwachsene, hat jede innere Orientierung verloren. In der Seele eines solchen Menschen herrscht unsichtbare Angst und Lähmung. Wir erkennen das auch an dem jahrzehntelangen Leid von Frauen, die als Kind sexuell missbraucht wurden. Diese versteinern. Der Wiener Dichter Karl Kraus hat die Reaktion solch einer Frau, ihre *Dissoziation, ihre innere Entfernung vom Partner,* mit den Worten beschrieben: »Mit ihm schlafen ja, sagte sie, aber keine Intimitäten.«

In dem Märchen steckt eine allgemeingültige, folgenreiche Wahrheit: Wenn ich die Kränkungen und Defizite meiner Kindheit nicht seelisch aufarbeite, keine Wut, Trauerarbeit und Versöhnung leiste, gehe ich aggressiv durch die Welt, verletzt und verletzend, barbarisch gegen mich selbst und gegen andere. So kann ich nie die Stacheln meines Wesens verlieren. Ich verbarrikadiere mich auf Lebzeiten im Schutz- und Überlebenspanzer der frühen Jahre. So gebe ich dem anderen keine Chance, in mein Herz zu gelangen. Ich bleibe Gefangener meines Kindheitskerkers. Ich bleibe ein Exekutor meiner infantilen Rache und Kompensationsbedürfnisse. Meine Erwachsenenbeziehungen sind voll von diesen reinszenierten Kindheitsdramen.

Wer von den Schatten der Kindheit verfolgt wird, der wird immer wieder in die gleichen Beziehungsfallen laufen und aus den Gefühlen des verletzten Kindes heraus agieren und Unheil anstiften. Ehen und Beziehungen gehen so auseinander, ohne dass die Akteure dieses Dramas je das Geheimnis der verhängnisvollen Vergangenheitsdramaturgie zu entschlüsseln vermögen. In meinem Buch *Das Geheimnis der Partnerwahl* habe ich diese »Kollusionen«, also neurotischen Zusammenspiele, an zahlreichen Fallbeispielen aus meiner Praxis analysiert. Hinter der Fassade unseres Erwachsenseins verbirgt sich das Drama des verletzten Kindes. Wir müssen uns in diesem Fall von der Macht der Eltern befreien, die wir ihnen aus unserer Angst und

Abhängigkeit eingeräumt haben. Wir müssen unseren Charakter anschauen, seine Deformationen, aber auch seine Stärken.

Betteln, helfen, strampeln

Ein schmerzloses Heranreifen der menschlichen Charaktere kann es so wenig geben wie eine schmerzlose Geburt.

Fritz Künkel
Einführung in die Charakterkunde

Wir müssen einen Schritt zurückgehen. Denn zunächst ist unser Held nach Hause zurückgekehrt, anstatt in die Königreiche, also den Entwurf seines zukünftigen Lebens, aufzubrechen. Warum das? Er hat doch so böse Erfahrungen als Kind dieser kaltherzigen Eltern gemacht! Psychologisch ist das stimmig. Wir sehnen uns nach dem Segen der Eltern. Wir tun alles, um die Wunden unseres kindlichen Ungeliebtseins oder Zu-wenig-Geliebtseins zu heilen. Ohne diese Klärung und Ablösung vermögen wir unsere »libidinösen Energien« nicht auf die Welt zu richten. Hans mein Igel kehrt also mit der gewaltigen Herde von Schweinen nach Hause zurück. Er bringt alles, was er besitzt, als Opfer, um die Liebe seines Vaters zu gewinnen. Tatsächlich gibt es ein schreckliches »Gemetzel und ein Hacken, dass man's zwei Stunden weit hören konnte«. Da fließt Seelenblut.

Was für ein tragischer Irrtum von Hans! Wenn wir noch so strampeln, durch Leistung werden wir die Liebe nicht bekommen. In der Tiefe seines Herzens hält sich unser Hans nach wie vor nicht für liebenswert. Deswegen braucht er den materiellen Reichtum, die Esel und Schweine, um – vergeblich – das Herz des Vaters zu erweichen. Das tun viele von uns, oft jahrzehntelang und ohne Aussicht auf Erfolg. Fritz Riemann hat dies in seiner epochalen Charakterlehre *Grundformen der Angst* (Erstauflage 1961) eindrucksvoll beschrieben.

Der oder die *Schizoide,* also der Rationalist und Gefühlsverdränger, bringt Leistung, Leistung und noch einmal Leistung, um geliebt zu werden. Er zeigt eine Blendfassade, hat Angst vor Hingabe und will sich nicht seelisch nackt zeigen. Er ist ein Virtuose der Dingwelt und ein Analphabet der Gefühle. Er platzt förmlich vor Leistungsstärke, aber kann den Hunger seiner Seele nicht offenbaren.

Der oder die *Depressive* bettelt um die Liebe, indem er sich in sein Helfersyndrom verliert.

»Ich würde mein letztes Hemd verschenken«, bekennt er/sie, und sorgt doch selbst nicht für sich. »Wenn ich doch alles für dich tue«, sagt der oder die Depressive, »dann musst Du mich doch lieben.« Dabei verliert er/sie sich selbst. Depressiven gebe ich gerne den alten Spruch auf den Weg: »Erst war ich selbstlos, dann ging ich selbst los.«

Der oder die *Zwanghafte* versucht, durch Perfektion, Kontrolle und absolute Korrektheit die Liebe der Umwelt zu gewinnen, erntet aber bestenfalls Befremdlichkeit und Abwehr.

Der *Hysteriker* und die *Hysterikerin* stellen sich ins Bühnenlicht, um wahrgenommen und geliebt zu werden. In Wahrheit macht ihr Narzissmus (»Meine Frau und ich bewundern mich maßlos«) und Monologismus (»Ich, ich, ich«) sie einsam. Die kindliche Angst des Hysterikers ist, dass ihn Menschen, wenn er sich in seiner frierenden Nacktheit zeigte, ablehnen würden.

Ob Betteln, Helfen, Strampeln oder Selbstdarstellung – all diesem Zwangsverhalten liegt ein gleiches Muster zugrunde: das Verharren im Opferland. Walter Kohl, der älteste Sohn des Exkanzlers, hat dieses Trauerland in seinem Bekenntnisbuch *Leben oder gelebt werden. Schritte auf dem Weg zur Versöhnung* kartografiert. Sein verstorbener Vater hatte sich zu Lebzeiten, wie erinnerlich, von ihm losgesagt. Der streckenweise suizidgefährdete Sohn Walter resignierte am Ende nicht, noch versteinerte er in Verbitterung und Zynismus. Er erkannte vielmehr: »Opferland ist für mich ein innerer Zustand der Selbstaufgabe. Man gibt sich selbst auf, indem man sich in die Rolle eines Opfers begibt, sich darauf zurückzieht, wie die Schildkröte sich in ihrem Panzer verkriecht … Opferland kann überall sein. Es ist ein innerer Ort, ein Hort des Unfriedens und der Knechtschaft, der Abhängigkeit, der Ohnmacht und der Fron. … Denn Opferland befindet sich letztlich immer nur in unserem Innern.«

Hans mein Igel wird erkennen müssen, dass er weder mit Unterwürfigkeit noch mit Leistung das Herz seines Vaters zu gewinnen vermag. Erwachsen werden heißt, den Mangel im Leben zu akzeptieren. Das kann auch bedeuten, auf eine nicht erlangbare Vaterliebe (oder Mutterliebe) zu verzichten, statt ihr mit keuchender Lunge hinterherzurennen. Vor allem aber bedeutet es, die Welt nicht mehr durch die Brille des Opfers zu sehen. Das ist unwahrhaftig und allzu bequem. Walter Kohl meint: »Das hat den nicht von der Hand zu weisenden Vorteil, dass man sich nicht um Auswege bemühen und keine Verantwortung übernehmen muss. Schließlich sind ja alle Schuldfragen geklärt: Immer sind es die anderen oder die Umstände, die für den eigenen Schmerz und die Misere verantwortlich zeichnen.« Und: »So wird das ganze Leben zu einer *Self-fulfilling-prophecy*, zu einem einzigen Teufelskreis aus schlechten Erfahrungen in der Vergangenheit und Antizipation schlechter Erfahrungen in der Zukunft, die dann auch eintreten, weil man im gegenwärtigen Moment in seinen Möglichkeiten und seiner Schönheit immer weniger wahrnimmt – ebenso wenig wie die Chancen, die es bietet.«

Nun kam es, wie es kommen musste, schreibt Walter Kohl, der überdies die Selbsttötung und den Sinnverlust seiner geliebten Mutter verarbeiten musste: »Irgendwann verlor ich den Glauben an mich, an mein Glück, an meine Fähigkeiten, an den Sinn meiner Existenz.« Kohl, heute ein bekannter Coach, plädiert für eine Haltung der Versöhnung: »Versöhnung ist nicht nur die Kraft, die Menschen zueinander führt, sondern auch die Kraft, die einen Menschen zu sich selbst bringt. Heute glaube ich, dass es keinen anhaltenden Anspruch auf einen Vater gibt … Als erwachsener Mensch bin ich für mein eigenes Glück verantwortlich. Ob mit oder ohne Vater, das ist letztlich egal. Denn es geht nicht um meinen Vater, es geht um mich.«

Aber wie das Leben so ist, es gibt uns immer wieder neue Chancen. Hans mein Igel reitet weiter auf dem Göckelhahn seiner Männlichkeit und mit dem Dudelsack seiner Innerlichkeit in das zweite Königreich. Reisen haben oft eine heimliche Bestimmung, die der Reisende noch nicht ahnt. So ist es auch hier.

DAS WUNDER DER LIEBENDEN

Die Liebe lässt den Menschen das Gefühl der Isolation und Abgetrenntheit überwinden und erlaubt ihm trotzdem, er selbst zu sein und seine Integrität zu behalten.

ERICH FROMM
Die Faszination der Gewalt und die Liebe zur Lebendigkeit

Wir sahen, die Macht des Unbewussten ist stark. Der Schlaf der Vernunft gebärt Ungeheuer. Mit dem Schriftsteller Günter Kunert (in *Die Botschaft des Hotelzimmers an den Gast*) zu sprechen: »Der überwiegende Teil der Tiefsee ist unerforscht. Gewaltige Kraken werden manchmal, in Einzelteilen, an Land gespült. Was sonst noch in der ewigen Dunkelheit der Weltmeere existiert, wissen wir nicht. Da drunten regt und agiert nur Unbekanntes, dessen wir vielleicht nie ansichtig werden. Was mich weder erstaunt noch überrascht. Wir selber als Menschen sind ja das wandelnde Paradigma (Beispielhafte – M.J.) solcher Unkenntnis. In uns selber und uneinsehbaren Schichten verborgen hausen doch auch Ungeheuer unsäglichster Art, von denen manchmal hier und da einiges ans Licht tritt, ohne uns das volle Ausmaß des im Geheimen Wirkenden kenntlich zu machen.«

Es ist in der Psychologie eine bekannte Tatsache, dass wir negativen Prägungen folgend, unbewusst wieder das Negative suchen und finden. Töchter von Alkoholikern stoßen, wie der »Zufall« es will, wieder auf einen süchtigen Partner und verlängern ihre alte Haltung der dienenden Co-Abhängigkeit. Eine andere Tochter wiederholt die Opferhaltung ihrer Mutter und lässt sich in der Ehe unterjochen. Ein Sohn erlaubt sich nicht zu leben, sondern betäubt sich, wie einst sein Vater, durch Arbeitssucht. So spürt er die Leere seiner Existenz weniger. Das kann ihm als leistungswütigen Managertypen zum tödlichen Verhängnis werden, wie der Dichter Joachim Ringelnatz in einem sarkastischen Poem beschreibt:

Du weißt nicht mehr wie Blumen duften,
kennst nur die Arbeit und das Schuften.
So ziehn sie hin die schönen Jahre,
am Ende liegst Du auf der Bahre.

Und hinter Dir da grinst der Tod.
Kaputt gerackert, Vollidiot.

Auch bei Hans mein Igel, der noch lange nicht genesen ist, können wir uns solche destruktiven Überlebensstrategien vorstellen. Vielleicht ist er manisch auf seine Karriere fixiert. Oder er ist übergewichtig, weil er mit Essen – vergeblich – sein Seelenloch zu stopfen versucht. Oder er frönt dem Alkohol, dem Nikotin, dem riskanten Motorradfahren. Vielleicht lenkt er sich auch, bindungsscheu wie er ist, mit ständig wechselnden Sexpartnerinnen ab. Denn weil er mit seiner unglückseligen Mutter noch immer im innerlichen Clinch ist, ist er nicht wirklich zu haben für eine Frau.

Doch das Leben schüttet oft unvermutet das Füllhorn seiner guten Gaben aus. Hans, der Suchende, bricht erneut auf. Hier im zweiten Königreich wartet der gute Vater-Typus auf ihn. Hans mein Igel begreift, was unsere Chance ist. Wenn ich keinen guten Vater hatte, keine liebevolle Mutter, so kann ich mir im Erwachsenenleben doch einen neuen Vater, eine neue Mutter »adoptieren«.

Hier endlich wird das ungeliebte Menschenkind Hans mit einem »Vivat«, das heißt »Er soll leben«, empfangen, in die machtvolle Geborgenheit eines Schlosses geführt, an die königliche Tafel geladen und sein schier unermesslicher Hunger nach Sättigung mit Speis und Trank und Liebe gestillt. Das Märchen gibt uns die tröstliche Botschaft: Wer in seiner Kindheit nicht in der liebenden Umarmung von Mutter und Vater emotional gestillt wurde, der ist noch lange nicht verloren. Das Leben, diese Urmutter mit ihren vielen Brüsten, vermag uns noch als Erwachsene zu stillen. Wir müssen nur hingehen zu den Quellen des Seins: Die tiefsten Quellen erneuernder Menschlichkeit sind und bleiben Menschen im liebenden Gegenüber. Wir genesen.

Unsere Seelenkrankheit bestand in unserer Verpanzerung und Rationalisierung. Der Psychologe Erich Fromm hat in *Psychoanalyse und Ethik. Bausteine zu einer humanistischen Charakterologie* die Seelenstarre durch Liebesverweigerung gegenüber der Welt und ihren Menschen mit eindringlichen Worten beschrieben: »Der Mensch hat die Gabe, sprechen und denken zu können. Würden diese Fähigkeiten blockiert, so wäre der Betreffende schwer geschädigt. Der Mensch hat die Gabe zu lieben, und wenn er von dieser Gabe keinen Gebrauch machen kann, wenn er liebesunfähig ist, so leidet er unter diesem Unglück, obwohl er mit allen Arten der Rationalisierung versuchen mag, sein Leiden zu ignorieren.«

Natürlich ist die Königstochter, diese königliche reife Frau, erschrocken, als sie den ruppigen, kontaktarmen Mann vor sich sieht. Aber sie gibt ihm den Bonus der Liebe. Sie ahnt hinter der Dichte seiner Verhärtung und Sprachkargheit das gute Herz, die Fülle seiner Anlagen. Sie weiß das Wesen dieses Menschen von seiner Erscheinung zu trennen. »Das Wesentliche ist für die Augen unsichtbar«, sagt der Fuchs zum kleinen Prinzen bei Saint-Exupéry, »man sieht nur mit dem Herzen gut.«

In der Übersprungshandlung der Liebe überqueren wir die Barrieren der Äußerlichkeit im Flug. Wir werden großzügig, souverän, sicher auch etwas blauäugig. Ohne diese Blauäugigkeit können wir kaum eine langwährende Beziehung eingehen. Neben einem gerüttelten Maß an Erfahrung ist auch die Naivität des Herzens eine kindliche und damit große Gabe. Unser Held gewinnt die Liebe, die Verbindung mit einer

Frau. Aber noch immer ist sein Weg nicht zu Ende. Der formale Akt der Vermählung, der Gang zum Standesamt, markiert die juristische Hohlform der Verbindung, die Möglichkeit der Liebe. Aber die Mühen der Ebene stehen erst noch an.

In der Intimität und dem Alltag der Beziehung zeigen sich die Stacheln der Persönlichkeit. Jetzt schlagen die Stunden der Wahrheit. Da kann es einem angst und bange werden. Was für einen Partner hat diese Frau sich eingehandelt! Noch immer ist er wie mit Speerspitzen nach außen bestückt, leicht aufbrausend, möglicherweise physisch oder verbal gewalttätig. Doch unser Held ist innerlich weitergekommen. Er weiß jetzt um seine Abgründe und das Abspalten seiner Gefühle. Jetzt, auf der Marathonstrecke der Liebe im Alltag, ist er bereit, sich zu ändern.

Dazu braucht er Hilfe. Sicher wird ihm, wie uns allen, eine kluge Frau, ein kluger Mann zum Entwicklungshelfer. Das ist das Wesen einer vitalen Beziehung. Die amerikanische Familientherapeutin Virginia Satir erkannte in ihrem heute noch lesenswerten Werk *Mein Weg zu Dir* (1976): »Du und ich sind ein Wunderwerk, das zu unendlichem Wachstum befähigt ist.« Doch Erlösung vom falschen Selbst ist, bei aller Liebe, in erster Linie *Selbsterlösung*. Wie kann sie geschehen? Was sind unsere eigentherapeutischen Bordinstrumente zur Heilung unserer Seelenwunden?

Erinnern, beweinen, bewüten, begreifen, beenden

Lange hab ich mich gesträubt,
endlich gab ich nach.
Wenn das alte Ich zerstäubt,
wird das neue wach.
Und so lang Du dies nicht hast,
dieses »Stirb und Werde«,
bist Du nur
ein trüber Gast
Auf der dunklen Erde.

Goethe
Sehnsucht

Hans mein Igel ist ein Mensch wie wir alle. Deshalb unterliegt er auch dem Schicksalshaften jedes Menschen. Hermann Hesse konstatierte in seinem männlichen Pubertätsroman *Demian* (1919) grundsätzlich: »Jeder Mensch ist aber nicht nur er selber. Er ist auch der einmalige, ganz besondere, in jedem Fall wichtige und merkwürdige Punkt, wo die Erscheinungen der Welt sich kreuzen, nur ein Mal so und nie wieder. Darum ist jedes Menschen Geschichte wichtig, ewig, göttlich, darum ist jeder Mensch, solange er irgend lebt und den Willen der Natur erfüllt, wunderbar und jeder Aufmerksamkeit würdig … Das Leben jedes Menschen ist sein Weg zu sich selber hin, der Versuch eines Weges, die Andeutung eines Pfades.«

Wunderbar bin ich, solange ich wahrhaftig lebe und den Willen der Natur zur *Selbstbestimmung* und *Glückhaftigkeit* erfülle. Diesen Weg kann ich auch verfehlen. Kein Mensch ist das, was alles in ihm an Entwicklungschancen angelegt ist. Vieles ist, wie wir sahen, durch die Härte der Lebensumstände auch verformt, ja zerstört worden. Aber ich kann mein Abweichen vom richtigen Weg auch korrigieren. Ich tue dies im – oft auch schmerzhaften – Abschied vom Alten in meinem Leben und dem Aufbruch ins Neue.

Dabei hilft unserem Hans die Spiegelung durch seine geliebte Frau. »Wie ihn nun die Königstochter sah«, heißt es, »war sie erschrocken, weil er doch gar zu wunderlich aussah«. Sie redet nicht um den heißen Brei herum, sondern sagt ihm klar, dass sie sich vor seinen Stacheln fürchtet. Das ist wichtig. Als Paartherapeut erfahre ich oft, dass sich Partner, durchaus in gut gemeinter Absicht, anlügen. Da sagt der Partner einer adipösen Frau zu ihr »Ich liebe jedes Pfund an Dir« – anstatt sie liebevoll zu einer Ernährungsumstellung und Psychotherapie zu ermuntern. Umgekehrt bagatellisiert eine Ehefrau die Alkoholkrankheit ihres Mannes mit den Worten »Du trinkst manchmal ein bisschen zu viel, aber dann bist Du immer so lustig«, anstatt ihn zum Gang in eine AA-Gruppe und einem klinischen Entzug zu motivieren.

Hilfe holen ist doch keine Schande. Im Gegenteil, die Menschen sind dazu da, einander zu helfen. Ich bin heute noch stolz, dass ich in den Dreißigerjahren meines Lebens als ein wandelnder Minderwertigkeitskomplex und Essgestörter den Gang in eine therapeutische Gruppe gewagt habe und meine Lebendigkeit wiedererlangte. »Jeder von uns hat etwas Unbehauenes, Unerlöstes in sich«, sagt der Dichter Christian Morgenstern (in *Stufen*), »daran unaufhörlich zu arbeiten ist seine heimlichste Lebensaufgabe.«

Der kluge Hans kneift nicht. Wir lesen: »Er aber sprach, sie sollte sich nicht fürchten, es geschehe ihr kein Leid, und sagte zu dem alten

König, er sollte vier Mann bestellen, die sollten wachen vor der Kammertüre und ein großes Feuer anmachen, und wann er in die Kammer einginge und sich ins Bett legen wolle, würde er aus seiner Igelshaut herauskriechen und sie vor dem Bett liegen lassen. Dann sollten die Männer hurtig herbeispringen und sie ins Feuer werfen, auch dabei bleiben, bis sie vom Feuer verzehrt wäre.«

Das ist die zweite große Botschaft dieses denkwürdigen Märchens. Die erste bestand darin, um jeden Preis den *Aufbruch* zu wagen, den Hintern hochzuhieven. Die zweite besteht darin, aus der eigenen Igelhaut herauszukriechen. Das ist eine geradezu revolutionäre Botschaft. Sage keiner stur: »Ich bin so wie ich bin mit all meinen Schädigungen und Unzumutbarkeiten für andere«. Natürlich habe ich eine grundsätzliche Wesensart, die mich ausmacht. Aber das befreit mich nicht davon, »Schattenarbeit« zu leisten, das Hemmende in mir wie mit einem Schmirgelpapier abzuschleifen.

Das ist keine einfache Seelenarbeit. Sie erfordert vielmehr gewaltige Energie über Jahre hinweg, wie sie das Märchen mit dem »großen Feuer« symbolisiert. Mit dem Event in einer

Schwitzhütte mal eben so am Wochenende ist das nicht zu leisten. Auf diesem Weg tut uns Männern eine kontinuierliche Männergruppe gut, die Gemeinschaft mit »starken« Männern. Sie verfügen nicht über sportgestählte Muckis, sondern sie haben sich auf den Weg begeben, den »neuen Mann« in sich zu entwickeln, die Einheit von Männlichem und Weiblichem, Stärke und Zartheit, Einfühlung und fester Kontur. Genau dies beschreibt Erich Fromm in der oben genannten Schrift als die zwei Seiten der Selbstfindung: »Das ist das Paradoxon der menschlichen Existenz, dass der Mensch zugleich Nähe und Unabhängigkeit suchen muss, zugleich das Einssein mit anderen und das Bewahren seiner Einmaligkeit und Besonderheit.«

Hans könnte für seine Wiedergeburt die in der Psychotherapie häufig praktizierten Seelenwege in fünf Schritten wählen: *erinnern, beweinen, bewüten, begreifen, beenden.*

Erinnern bedeutet in seinem Fall, sich die Leidensjahre genau zu vergegenwärtigen. In der »Erinnerungsarbeit« (Freud) macht er sich das jahrelang Verdrängte bewusst. Er erkennt seine persönliche Genealogie, das eigene Gewordensein in seiner Einzigartigkeit: das böse Los der

Mutter, die emotionale Verarmung des Vaters, seine eigene Einsamkeit und die Abwertung durch seine Eltern. Das Abgeschobensein auf der Schütte Stroh, die klägliche Namensgebung, die Verweigerung der mütterlichen Brust, die Sprachlosigkeit, das Desinteresse, die alles beherrschende Gefühlskälte.

Dieses Erinnern tut weh. Es stellt eine Art Erstverschlimmerung dar. Man exhumiert sozusagen die Leichen im Keller der Kindheit. »Warum tue ich mir das an?«, frage ich mich dann. »Ist das notwendig? Das tut so weh. Habe ich nicht jahrelang eine Betondecke auf diesen übelriechenden Keller meines Unglücks gelegt? Ist Verdrängung nicht auch ein Geschenk?« Nein, das ist sie nicht. Im politischen Kontext formulierte das der jüdische Friedensnobelpreisträger Elie Wiesel (in *Chasidische Feier*): »Das Vergessen ist die Wurzel des Exils; die Erinnerung bedeutet Erlösung.«

Beweinen: Der kleine Hans durfte nicht wirklich weinen. Denn Weinen ist Kommunikation. Er aber wurde nicht gehört. Sein Weinen verhallte. Indem der erwachsene Hans endlich das Weinen zulässt, rückt er an die Seite seines inneren Kindes. Er ergreift seine Partei. Er drückt den damals nicht wahrgenommenen Schmerz aus. Seine Tränen sind das Schmelzwasser des seelischen Eisbergs in seinem Innern. Seine Traurigkeit kommt ins Fließen. Wie oft wird einem Kind gesagt »Hör auf zu weinen«, anstatt es zu trösten. Tränen darf man nicht einfach wegtrocknen. Das gilt vor allem für Männer, die sich, wenn sie weinen, als Verlierer und Waschlappen fühlen. Da halten wir Männer es besser mit Goethe *(West-östlicher Divan):* »Lasst mich weinen! Das ist keine Schande. Weinende Männer sind gut.«

Trauer ist das Gegenteil von Depression. Depression ist die Unfähigkeit zu fühlen. Hans erlöst sich also von seiner jahrzehntelangen verborgenen Depression. Depression ist das Empfinden, tot zu sein, während der Körper am Leben ist. Tränen reinigen das Herz. Und noch einmal Goethe *(Zahme Xenien, III):*

Ein Mann, der Tränen
streng entwöhnt,
mag sich ein Held erscheinen;
doch wenn's im Innern
sehnt und dröhnt,
geb ihm ein Gott zu weinen.

Bewüten: In der konstruktiven Wut liegt das erlösende Moment der Aktivität, des Widerstands und des Widerspruchs. »Das hätte man mir nicht antun dürfen«, wütet Hans jetzt. Er ist zum streitbaren Anwalt des armen Hans geworden. Jetzt geht es nicht um Verstehen, sondern um kämpferisches Mitgefühl mit dem kleinen Hans, um Empörung und Zorn. Dies ist eine neue Etappe in der Rekonstruktion der kindlichen Trauerlandschaft.

»Man soll keine Faust im Sack machen«, sagt das alte deutsche Sprichwort. Man soll vielmehr die Faust zeigen. »So wird niemals mehr ein Mensch mit mir umgehen«, gelobt sich jetzt der wütende erwachsene Hans. Der Unterschied zwischen dem Mann Hans und dem Kind Hans ist die Erfahrung. Diese Erfahrung ist eine teure, aber hilfreiche Schule. Sie ist eine stachelige Frucht, wie ein russisches Sprichwort sagt. Aus ihr erwächst die Klugheit. Aber Erfahrung ist nicht das, was mit einem Menschen geschah, sondern was er daraus macht. Zusammen mit der sich erinnernden Wut machen sie seine neue Persönlichkeit und Unabhängigkeit aus.

Begreifen: Hans war sich über Jahre hinweg selbst das größte Rätsel. Er begriff nicht, was ihn so rastlos jagte, was er bei Frauen nicht fand und warum er es nicht fand. Warum ihn die Vergangenheit in eisernen Klammern hielt. Warum sein Hass auf Vater und Mutter und zugleich die Sehnsucht nach ihnen ihn in Verzweiflung hielt. Warum er so grob und stachelig, so gewalttätig und verständnislos war.

Jetzt, auf der detektivischen Suche zu sich selbst, findet er Schritt für Schritt die Ursache seiner Deformation. Er begreift aber auch seine *Resilienz*, seine Widerständigkeit gegen das Niederdrückende seines Lebens. Die Zuwendung der Magd. Der Dudelsack. Die Musik seiner Seele. Die innere Gefährtenschaft mit dem stolzen Hahn. Sein mutiger Aufbruch. Die Esel und Schweine als Chiffren seiner Mitgift und beruflichen Zähigkeit. Die beiden Könige als die bösen und die guten Mächte seiner Biografie. Sein unstillbarer Lebenshunger. Seine stacheligen, längst nicht mehr notwendigen Abwehrspitzen. Hans sieht sich in diesen Erkenntnisschritten aus der Vogelperspektive: sein Elend und seinen Glanz.

Beenden: Die Stacheln Stück für Stück aus dem Fleisch zu lösen, das ist, wie das Märchen zeigt, die Vollendung des Heilungsprozesses.

Nunmehr kann sich Hans in die Liebe der Frau und der anderen Menschen fallen lassen. Das Befreiungswerk seiner eingeschlossenen Seele ist gelungen. In einem gewaltigen Akt der Katharsis, einem Prozess schmerzhafter Reinigung und Selbsterneuerung, hat er sich umgeschmolzen zur neuen Persönlichkeit. Hans hat die Liebe und die Selbstliebe gefunden. Er ist sich selbst zum Freund geworden. Er ist angekommen.

Hans liegt jetzt im Bett, zum ersten Mal im Bett heimatlicher Geborgenheit, »ganz als ein Mensch gestaltet, aber er war kohlschwarz wie gebrannt«. Warum die Brandwunden? Nun, jeder von uns trägt die Narben der Kindheitswunden und ihrer meist schweren Heilung. Narben gehen, wie jeder Mediziner weiß, meist nicht von selbst weg. Wenn sie denn überhaupt beseitigt werden können, so nur durch fachmännische Intervention.

Im Märchen ist es der Arzt, der Hans »mit guten Salben« wäscht und »balsamiert«. Jeder seelische Heilungsprozess braucht ein nicht abreißendes Maß von Liebe, Verwöhnung und seelischer Präsenz. *Amor vincit omnia, die Liebe besiegt alles,* sagten die Römer. Die Liebe und nur die Liebe vermag bei dem Werk der Nachreifung und der Lebenskorrektur zu assistieren. Nun wird Hans mein Igel ein »schöner junger Herr«. Er genießt die Liebe und die Selbstliebe!

Jetzt erst – sicher nach Jahren eines mühevollen Prozesses – kann die eigentliche Hoch-Zeit unseres Lebens gefeiert werden. Jetzt können wir mit Freuden essen und trinken, jetzt schenkt uns das Leben unser Königreich: das Vermögen, mit uns selbst in Übereinstimmung zu sein und unsere Energie auf die souveräne Gestaltung der Welt zu bündeln. Der Panzer ist abgestreift, die Gefühle entbunden, das Sprechen gelernt. Und die Brust selbst wird zum Dudelsack schwingender Musikalität, der Göckelhahn, die Schweine, die Esel zu den inneren Anteilen eigener Fülle, die weiche, weiße Haut zum durchlässigen Kontaktorgan zur Welt. Wir haben uns von den Schatten der Kindheit befreit.

Seelenwunden, so lautet die Botschaft des Märchens, können von uns geheilt werden. Der Dichter Adalbert Stifter formuliert diese tröstliche Botschaft 1850 mit den nachdenklichen Worten: »Das ist das unsäglich Wohltätige von der Natur, dass Seelenwunden wie körperliche heilen, nur mit dem Unterschiede, dass die geheilte Seelenwunde, wenn sie eine unverdiente war, statt Nachwehen wie die körperlichen vielmehr eine gestähltere, gefestigtere und reinere Seelengesundheit zurücklässt.«

Aber gibt es da nicht noch als das Ungelöste und Herausfordernde den fernen Vater?

Die Versöhnung

Mit dem Märchenhelden erleben wir – und finden es immer wieder auch in der Wirklichkeit bestätigt –, dass Kinder, die aus ihrer Familie hinausgedrängt oder verstoßen werden – falls sie es überleben! –, besonders starke Lebenskräfte mobilisieren …

Ingrid Riedel
Hans mein Igel. Wie ein abgelehntes Kind sein Glück findet

Es gibt kein unkompliziertes Leben. Wie oft verharren wir im Museum der Verletzungen. Noch nach Mitternacht machen wir kostenlose Führungen für Fremde: »Das hat mir mein Vater angetan. Das hat mir meine Mutter angetan.« Unser Gehirn ist ein Warenlager für ätzende Erinnerungen. Wir bleiben in der Bitterkeit, im Groll der Unversöhnlichkeit. Wir bleiben neurotisch der Vergangenheit zugewandt.

Unser Held Hans hat sich von den Schatten der Kindheit gelöst. Er widmet sich »etliche Jahre« der Dynamik seines Lebens und der Kreativität seiner reif gewordenen »königlichen« Persönlichkeit. Dann, mit der neu gewonnenen Lebensfülle im Rücken, nimmt er sich noch einmal Zeit für die Elternauseinandersetzung. Er sucht seinen Vater auf. Er will ihm nicht imponieren. Er will nicht betteln. Er ist gelassen. Hans mein Igel hat die größte Liebesgeschichte seines Lebens erfolgreich absolviert: die Liebe zu sich selbst. Auch wenn der Vater ihn erneut ablehnte, so wäre Hans dadurch nicht mehr zu erschüttern. Hans hat die Lektionen gelernt, die jeder erwachsene Mensch lernen muss – sich selbst zu bevatern und zu bemuttern, nicht länger anderen diese übermenschliche Last aufzubürden. Er ist sich selbst sein bester Freund geworden.

Wie wichtig ist doch der erste Mann – der Vater – im Leben eines Sohnes. Er ist im Idealfall ein Vorbild. Er gibt dem Sohn eine Ahnung davon, wie schön es ist, ein Mann zu sein (und der Tochter: einen Mann zu lieben). Hat der Vater zudem eine zarte Seele mit gesunden weiblichen Anteilen, so vermittelt er dem Sohn (sowie der Tochter) Urvertrauen, Körperlichkeit, sanfte Geborgenheit. Er zeigt dem Sohn, dass Männer brüderlich miteinander umgehen können und nicht nur raufen, schreien und sich behaupten. Er zeigt ihm, dass es schön ist, einen Mann zu umarmen, sein Gesicht zu streicheln und zu küssen. Er besetzt das Männliche positiv. Außerdem lebt der Vater dem Sohn konkret die Männlichkeit vor: die maskuline Freude am Beruf, am Fußball, Ringen, Schwimmen, Lust am Basteln, Fotografieren, Klettern, männlichen Spielen, Rasieren, einen Schlips binden, um Frauen werben, soziales Verhalten unter Männern, männlichen Witz und Schabernack, vitale Sexualität, auch männliche Romantik, Umgang mit Liebeskummer und Sehnsucht und unzählig Vieles mehr.

Was kann ein Mann oder eine Frau tun, um die Aussöhnung mit dem Väterlichen für sich zu gewinnen? Antwort: Die eigenen Gefühle angesichts des Vaters wieder lebendig werden lassen, die schönen und die schweren. Direkt oder innerlich mit dem Vater Zwiesprache halten, eine Aussprache mit ihm suchen. Wenn der Vater nicht mehr lebt, ihm einen imaginären Brief schreiben, alles hineinpacken, das Schlimme und das Gute, die Wut, die Trauer, den Dank, das Unverständnis, das Verständnis, die Sehnsucht, die Qual, den Respekt, die Fragen.

Das habe ich selbst mit Erfolg meinem toten, geschiedenen Vater gegenüber getan. Das klärt. Das ist Abschiednehmen. Das lässt einen etwas von der Wahrheit des Vaters und seiner Männergeschichte ahnen. Das befähigt einen, die verhängnisvolle Männerkette der Vater-Sohn-Generation zu unterbrechen, einen neuen Anfang im Zeichen der Liebe zu setzen. Erst hinter der Wut und der Trauer, und das ist ein langer Prozess, kommt die Chance zur Versöhnung.

Schließlich gibt es die Versöhnung mit dem Väterlichen durch die eigene Vaterschaft. Ein Mann, der Vater wird, aktiviert nicht nur sein Potenzial, neues Leben zu schaffen, sondern er hat die Möglichkeit, auch fürsorglich-väterliche Anteile in sich zu entwickeln. Wer als *neuer Mann* sein Kind regelmäßig – nicht nur am Wochenende – füttert, wäscht, windelt, tröstet, aufmuntert, mit ihm spielt, mit ihm die Welt entdeckt, der tut an seinem Kind, was er selbst für sich als Bub ersehnt hatte.

Die Liebe ist die Antwort auf das Problem der menschlichen Existenz. »Nichts lieben«, befand der französische Dichter George Bernanos, »das ist die Hölle.« Lassen wir uns von der Zauberkraft der Märchen berühren. Verena Kast registriert in ihrer psychologischen Deutung *Familienkonflikte im Märchen:* »Märchen bieten den Vorteil, dass in ihrem Erzählverlauf aus der Krise heraus immer auch ein Entwicklungsweg gezeigt wird; sie sind getragen von der Hoffnung auf Veränderung, auf die Wandelbarkeit des Lebens, getragen aber auch von dem Bewusstsein, dass genügend Kräfte vorhanden sind, um die Situation jeweils zum Besseren zu wenden – man muss die Kräfte nur suchen und finden. Das mag ein Grund dafür sein, dass heute Märchen wieder so sehr beachtet werden.«

Trauer und Wut über den nie gehabten Vater hat Hans mein Igel zugelassen. Jetzt schlägt die Stunde der Versöhnung. Nun kann er vergeben. Gleichsam in Umkehrung der biblischen Geschichte vom verlorenen Sohn vermag er den Vater an die Hand zu nehmen, ihm zu verzeihen und ihn von der Starrheit seines Herzens zu erlösen. Er führt mit ihm kein Tribunal durch. Wenn ich diese Szene im Grundlagenkurs der Ausbildung zum Gesundheitsberater GGB im Dr.-Max-Otto-Bruker-Haus in Lahnstein psychodramatisch spielen lasse, passiert immer das Gleiche: Der Akteur von Hans mein Igel begibt sich mit einer Teilnehmerin als seiner Königin auf den Weg zum alt gewordenen Vater, einem älteren Teilnehmer – und schließt ihn ohne ein langes Wortgefecht herzlich in die Arme. Vater und Sohn und das gesamte Seminarpublikum sind gerührt und am Ende der schmerzvollen Märchengeschichte sichtlich befreit.

Das Vergeben ist eine persönlichkeitsstiftende Kraft. Es reinigt uns vom Gift der alten Schlangenbisse. Es stellt den inneren Frieden in uns her. Allerdings nur, wenn zuvor, wie hier geschehen, der Schmerz und die Wut über die zugefügte Not gefühlt wurden. Der alte Vater im Märchen freut sich und geht mit seinem großen Hans in dessen Königreich, sprich in seine reiche Gefühlswelt. Die unselige Kette der Verletzungen, die Stafette des neurotischen Zwangsverhaltens von den Eltern auf die Kinder und Kindeskinder, ist ein für allemal durchbrochen. Ein neues Kapitel des Lebens und der Liebe kann beginnen.

Was wäre anders der Endzweck unseres Daseins als die Liebe. »Die Kunst des Liebens ist nicht selbstverständlich«, analysiert Erich Fromm in seinem gleichnamigen Buch: »Wenn wir lernen wollen zu lieben, müssen wir genauso vorgehen, wie wir das tun würden, wenn wir irgendeine andere Kunst, zum Beispiel Musik, Malerei, das Tischlerhandwerk oder die Kunst der Medizin oder der Technik lernen wollten.«

Dann wird das Leben wie bei Hans und seiner Königin (»die war sehr schön«) zum Fest. Ein Mensch wie Hans ist, so gesehen, ein Wunder. Er birgt das geheilte, kostbare Kind in sich. Schenken wir ihm und uns das Gedicht von Rainer Maria Rilke:

Du musst das Leben nicht verstehen

Du musst das Leben nicht verstehen,
dann wird es werden wie ein Fest.
Und lass Dir jeden Tag geschehen
so wie ein Kind im Weitergehen
von jedem Wehen
sich viele Blüten schenken lässt.
Sie aufzusammeln und zu sparen,
das kommt dem Kind nicht in den Sinn.
Es löst sie leise aus den Haaren,
drin sie so gern gefangen waren,
und hält den lieben jungen Jahren
nach neuen seine Hände hin.

Ein Verlag, ein Haus, eine Philosophie.

Millionen Bundesbürger kennen den kämpferischen Ganzheitsarzt Dr. Max Otto Bruker (1909–2001) aus dem Fernsehen, aus Vorträgen, durch den „Mundfunk" überzeugter Patienten. Vor allem lesen sie aber die rund 30 Bücher des schwäbischen Humanisten und Seelenarztes. Mit einer Gesamtauflage von mehreren Millionen Exemplaren ist Max Otto Bruker der wohl bedeutendste medizinische Erfolgsautor im deutschsprachigen Raum. Der – in der Nachfolge des Schweizer Reformarztes Bircher-Benner scherzhaft „Deutschlands Vollwertpapst" genannte – Massenaufklärer, langjährige Klinikchef und Ernährungsspezialist lehrt zwei fundamentale Erkenntnisse Patienten wie Gesunden: Der Mensch wird krank, weil er sich falsch ernährt. Der Mensch wird krank, weil er falsch lebt.

Hinter den Erfolgstiteln des emu-Verlages steht ein bedeutender Forscher und Arzt, eine Bewegung, ein Haus und tausende Schülerinnen und Schüler. 1994 wurde das „Dr.-Max-Otto-Bruker-Haus", das Zentrum für Gesundheit und ganzheitliche Lebensweise, auf der Lahnhöhe in Lahnstein bei Koblenz bezogen. Es stellt die äußere Krönung des Brukerschen Lebenswerkes dar: Der lichte Bau mit seinem Grasdach, den Sonnenkollektoren, seinen Seminarräumen, dem Foyer mit der Glaskuppel, 18 biologischen Gäste-Appartements, dem wunderschönen Brukergarten mit Kneippanlage, Raum der Stille, Naturwald und dem Lehrpfad sind als Treffpunkt für all jene konzipiert, denen körperliche und seelische Gesundheit, ökologische und spirituelle Harmonie Herzensbedürfnis und Sehnsucht sind.

Hinter dem eleganten Halbmondkorpus mit dem markanten Grasdach verbirgt sich eine Begegnungsstätte für Gesundheitsbewusste, Seminarteilnehmer, Trost-, Ruhe- und Anregungsbedürftige.

Feste Termine:

Jeden Montag, 19.00 Uhr: Gesprächskreis Lebenskrisen mit Hassan El Khomri, Psychologischer Psychotherapeut

Jeden Dienstag, 18.30 Uhr: Vortrag Dr. phil. Mathias Jung (Lebenshilfe und Philosophie)

Jeden Mittwoch, 10.30 Uhr: Fragestunde mit Dr. med. Jürgen Birmanns (Ärztlicher Rat aus ganzheitlicher Sicht) und Jérôme Lay, Arzt für Naturheilkunde, Internist

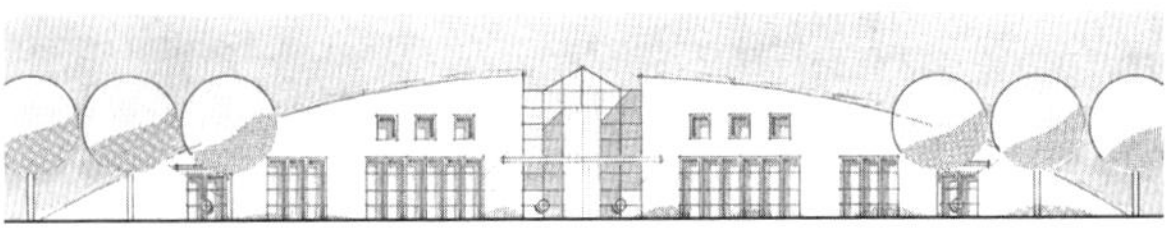

Das Dr.-Max-Otto-Bruker-Haus

Ausbildung Gesundheitsberater/in GGB
Lebensberatung/Frauen-, Männer- und Paargruppen

Die vitalstoffreiche Vollwertkost hat ihre Verbreitung, auch im klinischen Bereich, durch die unermüdliche Information und praktische Durchführung von Dr. M. O. Bruker gefunden. Um die Erkenntnisse gesunder Lebensführung und die durch falsche Ernährung provozierte Krankheitslawine ins öffentliche Bewusstsein zu rücken, bildet die von ihm 1978 gegründete „Gesellschaft für Gesundheitsberatung GGB e. V." ärztlich geprüfte Gesundheitsberaterinnen und Gesundheitsberater GGB aus. Über 5000 Frauen und Männer haben bislang die berufsbegleitende Ausbildung bestanden und wirken in Volkshochschulen, Bioläden, Lehrküchen, Krankenhäusern, ärztlichen Praxen, Krankenversicherungen und ähnlichen Bereichen.

Auf der Lahnhöhe erhalten Sie durch das GGB-Expertenteam nicht nur eine sorgfältige Grundlagenausbildung über die vitalstoffreiche Vollwerternährung und den Krankmacher der „entnatürlichten" (denaturierten) Zivilisationsernährung (raffinierter Fabrikzucker, Auszugsmehle, fabrikatorische Öle und Fette, tierisches Eiweiß usw.), sondern gewinnen auch Einblick in die leibseelischen Zusammenhänge der Krankheiten.

Praxisseminare/Kochkurse

Das Dr.-Max-Otto-Bruker-Haus verfügt über eine Lehrküche sowie einen großen Kräutergarten. Es werden zahlreiche vegetarische Koch- und Backkurse für eine moderne vitalstoffreiche Vollwertkost angeboten. Der Schwerpunkt liegt auf einer „alltagstauglichen", aber dennoch fantasievollen, gesunden Ernährung ohne Tiereiweiß.

Das Programm umfasst Einführungskurse in die vitalstoffreiche Vollwertkost, Brotbackkurse, Männerkochkurse, Weihnachtsbäckerei, einen Kurs „Kaltes Büfett" und seit 2011 auch Wildkräuterseminare (incl. Zubereitung von Wildkräutergerichten).

Anfragen zur Gesundheitsberater-Ausbildung und Praxis-Seminaren in der Lehrküche in Lahnstein, wie zu den Selbsterfahrungsgruppen, Lebensberatung, Paartherapie und Psychotherapie bei Dr. Mathias Jung und Psychologischer Psychotherapeut Hassan El Khomri, zu weiteren Tages- und Wochenendseminaren sowie Einzelberatung sind zu richten an die

Gesellschaft für Gesundheitsberatung GGB e.V.,
Dr.-Max-Otto-Bruker-Str. 3,
56112 Lahnstein
(Tel.: 02621/917014, 917010, 917017, 917018, Fax: 02621/917033).
E-Mail: seminare@ggb-lahnstein.de
Internet: www.ggb-lahnstein.de

Fordern Sie ebenfalls ein kostenloses Probe-Exemplar der Zeitschrift „Der Gesundheitsberater" an.

Von Dr. Jung sind im emu-Verlag Märchendeutungen in der »gelben reihe« erschienen:

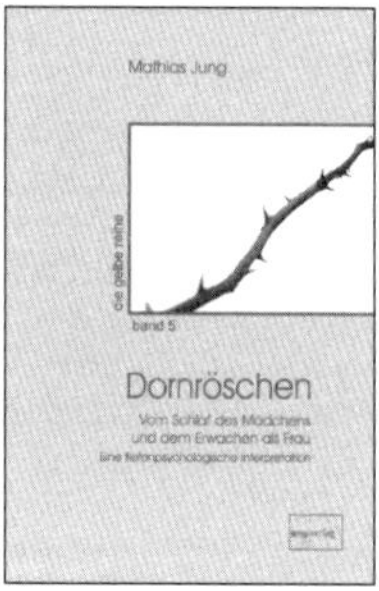